公路桥梁伸缩缝
耐久性提升技术

杜 镔 唐 志 唐 亮 等◎著

人民交通出版社
北 京

内 容 提 要

本书在调研国内桥梁伸缩装置使用现状的基础上,结合作者多年工程实践经验和研究成果,总结了桥梁伸缩装置的基本性能要求、桥梁伸缩缝普遍出现且突出的病害及耐久性影响因素,重点分析了模数式伸缩装置和钢梳齿板伸缩装置的受力特点、耐久性提升措施及伸缩装置的设计选型,优化了预制桥梁伸缩缝槽口构造和施工方法,研制了具有优异抗裂性、断裂韧性和抗冲击性的钢-PVA 混杂纤维混凝土,阐述了桥梁伸缩缝施工关键环节的质量检测与管理。

本书可供从事公路桥梁伸缩装置设计、施工、监理、检测等工作的工程技术人员参考,也可供有关院校相关专业师生阅读。

图书在版编目(CIP)数据

公路桥梁伸缩缝耐久性提升技术 / 杜镔等著.
北京 : 人民交通出版社股份有限公司, 2024. 11.
ISBN 978-7-114-19765-9

Ⅰ. U448.14

中国国家版本馆 CIP 数据核字第 20248WQ971 号

Gonglu Qiaoliang Shensuofeng Naijiuxing Tisheng Jishu

书　　名: 公路桥梁伸缩缝耐久性提升技术
著 作 者: 杜　镔　唐　志　唐　亮　等
责任编辑: 刘　彤
责任校对: 赵媛媛　刘　璇
责任印制: 刘高彤
出版发行: 人民交通出版社
地　　址: (100011)北京市朝阳区安定门外外馆斜街 3 号
网　　址: http://www.ccpcl.com.cn
销售电话: (010)85285857
总 经 销: 人民交通出版社发行部
经　　销: 各地新华书店
印　　刷: 北京市密东印刷有限公司
开　　本: 787 × 1092　1/16
印　　张: 9.25
字　　数: 209 千
版　　次: 2024 年 11 月　第 1 版
印　　次: 2024 年 11 月　第 1 次印刷
书　　号: ISBN 978-7-114-19765-9
定　　价: 90.00 元

前言

随着我国经济的快速发展，公路交通量和车辆荷载也越来越大，公路运输对公路桥梁通行能力和承载能力的要求越来越高，而桥梁伸缩缝是公路桥梁结构中最易发生破坏的部位，对桥梁的安全性和耐久性影响很大。目前公路桥梁使用最多的伸缩装置主要有两种类型：模数式伸缩装置和钢梳齿板伸缩装置，它们在使用过程中均出现了一些病害，如伸缩装置异型钢主梁断裂、锚固螺栓拔出、锚固区混凝土破坏等。桥梁运营过程中伸缩装置频繁破坏和更换，不但严重影响桥梁的正常通行，还增加了桥梁管养成本。

作者在总结和分析伸缩缝使用现状病害的基础上，针对模数式伸缩装置和钢梳齿板伸缩装置，从桥梁伸缩装置产品构造、设计选型、锚固区混凝土材料、施工与质量管理等方面提升桥梁伸缩缝耐久性做了一些探索和研究，提出了提升伸缩缝耐久性的技术和管理措施。

全书共分为8章。第1章主要介绍了我国桥梁伸缩装置的发展历程及基本性能要求。第2章介绍了桥梁伸缩缝的常见病害，从产品、设计、施工及槽口混凝土材料等方面分析了桥梁伸缩缝耐久性的影响因素。第3章介绍了模数式伸缩装置的组成、模数式伸缩装置主梁的力学性能及其耐久性提升措施。第4章介绍了钢梳齿板伸缩装置的分类和构造、钢梳齿板伸缩装置锚固受力性能及其耐久性提升措施。第5章介绍了桥梁伸缩缝伸缩位移量计算和伸缩装置设计选型原则。第6章介绍了预制T梁桥伸缩缝槽口合理尺寸的确定、既有伸缩缝槽口构造与施工优化措施。第7章介绍了伸缩缝锚固区混凝土病害及成因、钢-PVA混杂纤维混凝土的研制及工程应用。第8章介绍了模数式伸缩装置与钢梳齿板伸缩装置的施工控制要点、伸缩缝施工质量管理与伸缩缝质量检验检测。

本书由贵州省交通规划勘察设计研究院股份有限公司杜镔、唐志和重庆交通大学唐亮共同撰写，由杜镔负责审查统稿。贵州省交通规划勘察设计研究院股份有限公司的徐向东博士参与了桥梁模数式伸缩装置结构分析与试验测试工作，贵州大学的研究生方园和张剑锋参与了伸缩装置结构计算与图表制作，为作者的相关研究提供了大力支持，济通智能装备股份有限公司的王剑明为本书提供了部分伸缩装置病害和安装照片。

本书以交通运输部项目"山区公路桥梁新型伸缩装置及减震支座开发与应用研究"、贵州省科技厅项目"山区公路桥梁模数式伸缩装置受力特点与设计应用关键技术研究"、贵州省交通运输科技项目"贵州山区公路桥梁伸缩缝和支座全寿命周期耐久性与标准化设计研究""高速公路普通桥梁槽口混凝土与型钢伸缩缝施工控制技术研究"等项目研究成果为基础撰写，在成书过程中得到了贵州省交通规划勘察设计研究院股份有限公司、重庆交通大学、贵州高速公路集团有限公司、福州大学、人民交通出版社的大力支持和帮助，在此一并表示诚挚的感谢。

由于作者水平有限，书中难免存在疏漏和不足，恳请各位专家和读者批评指正。

作　者

2024 年 4 月

目录

第 1 章　绪论 …… **1**

1.1　桥梁伸缩缝与伸缩装置 …… 2

1.2　我国桥梁伸缩装置的发展历程 …… 7

1.3　桥梁伸缩装置的基本性能要求 …… 8

第 2 章　公路桥梁伸缩缝应用状况 …… **11**

2.1　桥梁伸缩缝的病害状况 …… 12

2.2　桥梁伸缩缝耐久性影响因素 …… 17

第 3 章　模数式伸缩装置耐久性提升研究 …… **21**

3.1　模数式伸缩装置型号类别 …… 22

3.2　模数式伸缩装置的组成 …… 23

3.3　单缝式伸缩装置的力学性能分析 …… 27

3.4　模数式伸缩装置主梁受力分析与试验测试 …… 31

3.5　模数式伸缩装置耐久性提升建议 …… 48

第 4 章　钢梳齿板伸缩装置耐久性提升研究 …… **51**

4.1　钢梳齿板伸缩装置的主要分类与构造 …… 52

4.2　钢梳齿板伸缩装置锚固系统受力分析 …… 55

4.3　钢梳齿板伸缩装置多向变位方式 …… 58

4.4　钢梳齿板伸缩装置耐久性提升建议 …… 60

第 5 章　桥梁伸缩装置的设计选型 …… **65**

5.1　桥梁伸缩装置设计选型的影响因素 …… 66

5.2　桥梁伸缩缝的伸缩位移量计算 …… 67

5.3　桥梁伸缩装置的设计选型 …… 70

第 6 章　预制 T 梁桥伸缩缝槽口设计与施工优化 …………… 73

6.1　预制 T 梁桥伸缩缝槽口设计和施工现状 …… 74

6.2　单缝式伸缩缝槽口合理尺寸分析……………… 78

6.3　预制 T 梁桥伸缩缝槽口构造优化措施 ……… 84

6.4　预制桥梁伸缩缝槽口的施工优化……………… 88

第 7 章　桥梁伸缩缝锚固区高性能混凝土的研制与应用 …… 95

7.1　伸缩缝锚固区混凝土应用现状………………… 96

7.2　伸缩缝锚固区混凝土病害及成因分析………… 97

7.3　伸缩缝锚固区混凝土技术性能要求…………… 99

7.4　不同纤维对混凝土性能的影响 ……………… 100

7.5　钢-PVA 混杂纤维混凝土的试验研究………… 102

7.6　钢-PVA 混杂纤维高性能混凝土的工程应用 ……………………………… 117

第 8 章　桥梁伸缩缝施工与质量管理……………………… 125

8.1　模数式伸缩装置施工 ………………………… 126

8.2　钢梳齿板伸缩装置施工 ……………………… 129

8.3　桥梁伸缩缝施工质量管理 …………………… 130

8.4　桥梁伸缩缝质量检验检测 …………………… 133

参考文献……………………………………………………… 138

第1章
CHAPTER 1
绪论

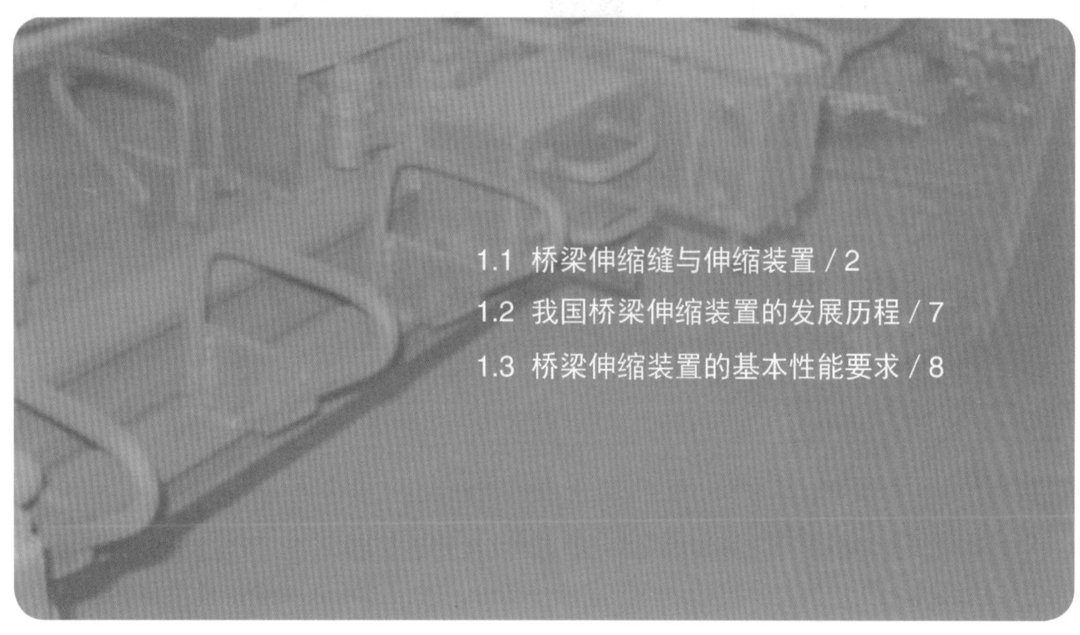

1.1 桥梁伸缩缝与伸缩装置 / 2
1.2 我国桥梁伸缩装置的发展历程 / 7
1.3 桥梁伸缩装置的基本性能要求 / 8

1.1 桥梁伸缩缝与伸缩装置

桥梁伸缩缝是指为适应桥梁结构材料胀缩变形的需要而在桥梁上部主梁间预设的空隙。伸缩装置是为使车辆平稳通过桥面并满足桥梁上部结构变形的需要，在桥梁梁端处设置的由橡胶和钢材等构件组成的各种装置的总称。

1.1.1 桥梁伸缩缝

从狭义上说，桥梁伸缩缝的定义可以这样表述：为适应桥梁结构材料胀缩变形的需要，在上部主梁间设置的间隙，如图 1-1 所示。

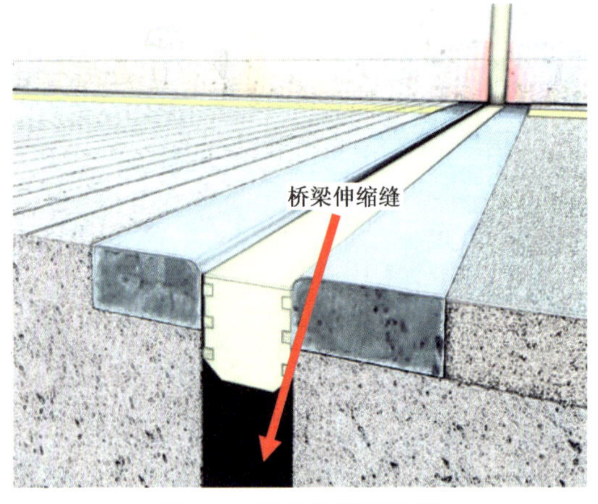

图 1-1 狭义桥梁伸缩缝

从广义上说，也可以把桥梁梁端的伸缩缝槽口、伸缩缝处预埋钢筋、伸缩缝锚固区混凝土、伸缩装置等部分组成的整体统一称为桥梁伸缩缝，如图 1-2 所示。

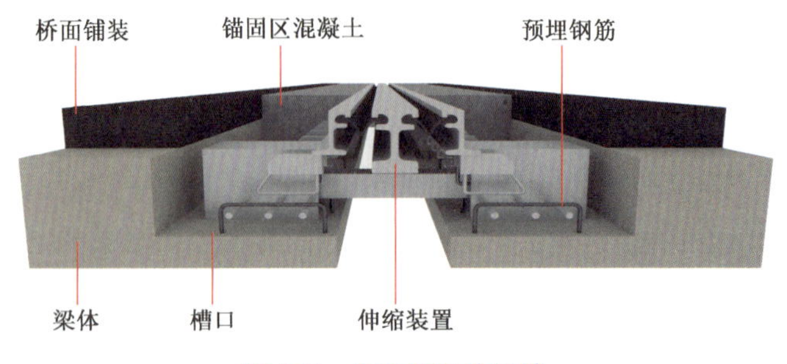

图 1-2 广义桥梁伸缩缝

实际上，无论是桥梁伸缩缝发生病害，还是伸缩装置的安装、更换，都与上述四个部分密不可分。因此，本书指的桥梁伸缩缝涉及上述四个部分。通常技术人员也把桥梁伸缩装置称为伸缩缝,造成伸缩装置与伸缩缝的概念有所混淆。伸缩装置通常是由厂家生产和提供的成品,产品本身在现场不需要做任何加工。目前在国内公路桥梁中应用较多的伸缩装置主要有模数式伸缩装置和钢梳齿板伸缩装置。

1.1.2　模数式伸缩装置

模数式伸缩装置由纵梁(异型钢主梁)、横梁、位移控制箱和橡胶密封带等构件组成。模数式伸缩装置常用位移量规格有80~1200mm,可以根据实际伸缩量的需要,增加中梁和密封体的个数,组成满足最大位移量需求的伸缩装置。目前应用较多的模数式伸缩装置主要有以下几种:

1)直梁式伸缩装置

直梁式伸缩装置结构如图1-3所示。直梁式伸缩装置每组支承箱内只有一根支承横梁,中梁与支承横梁正交,通过高强螺栓和支承框架将二者连接,在主梁之间设置独立的位移系统来控制各缝缝宽均匀变位。如GQF-MZL型伸缩装置就为直梁式伸缩装置,该装置由边梁、中梁、横梁、铰链式联动机构和密封橡胶带等部件组成。

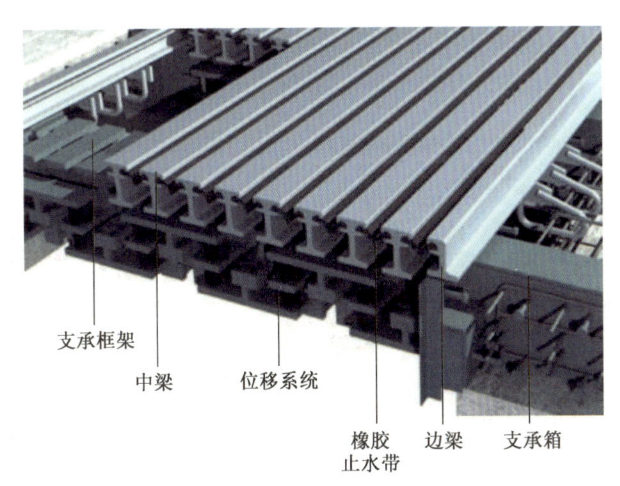

图1-3　直梁式伸缩装置

2)格梁式伸缩装置

格梁式伸缩装置(图1-4)的每个支承箱内有与中梁数量相等、一一对应并固结的支承横梁,每根中梁由多根支承梁(格梁)支承。伸缩装置的伸缩控制室通过支承横梁之间的位移控制弹簧的压缩变形来传力,实现伸缩装置各缝的均匀变位。支承横梁梁端设置了弹性支承元件,确保支承横梁滑动自如。随着伸缩位移的增加,伸缩装置所需的支承横梁数量增多,支承箱体积增大,这不但会使成本大幅增加,还会使梁端的安装空间不足,因此,格梁式伸缩装置的使用伸缩量一般不超过400mm。我国科研机构研制的SSFB(仿毛勒)伸缩装置就为格梁式伸缩装置。

3)国外其他模数式伸缩装置

20世纪90年代,我国引进了德国毛勒(MAURER)公司格梁式模数伸缩装置技术。除德国毛勒伸缩装置外，国外其他模数式伸缩装置还有瑞士马格巴 LR（Mageba）、美国沃特森（Wotsen）、英国霍内尔（Honed）、美国万宝（Wabo）、美国 DS 布朗等几种型号，如图 1-5 ~ 图 1-8 所示。

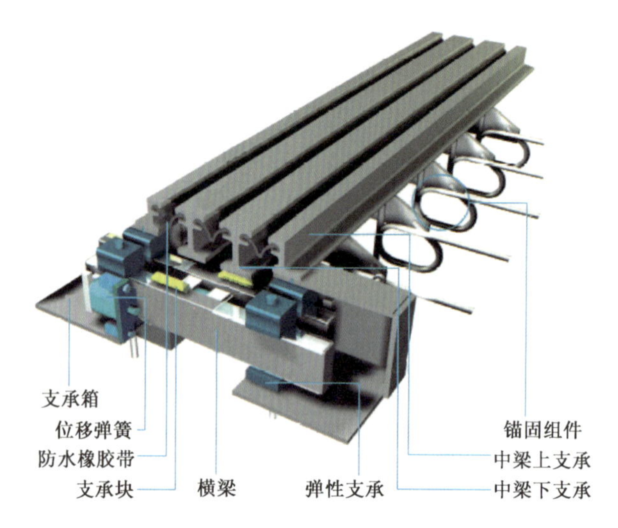

图 1-4　格梁式伸缩装置

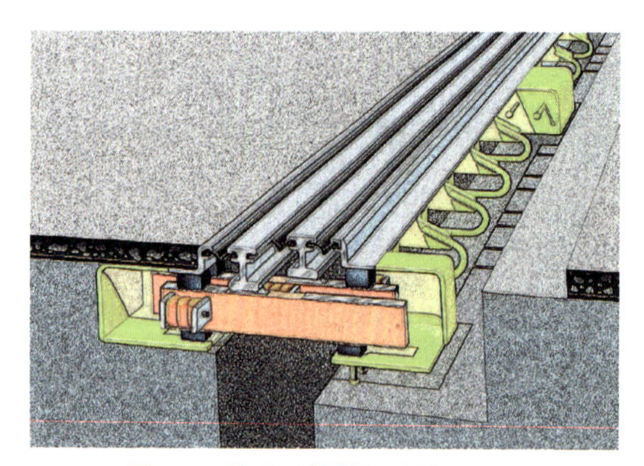

图 1-5　德国毛勒模数式伸缩装置

图 1-6　瑞士马格巴 LR 模数式伸缩装置

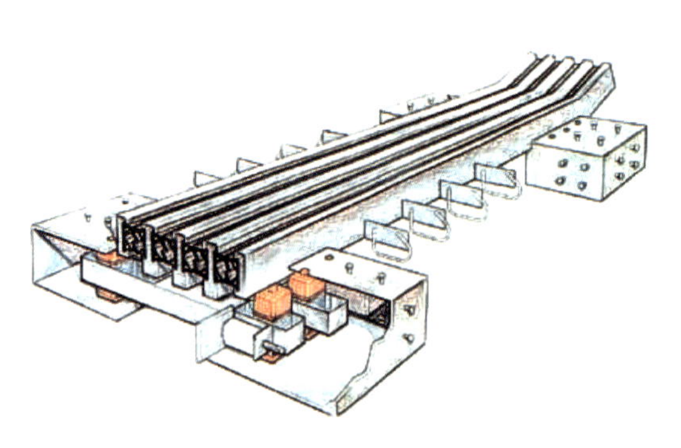

图 1-7　美国万宝模数式伸缩装置

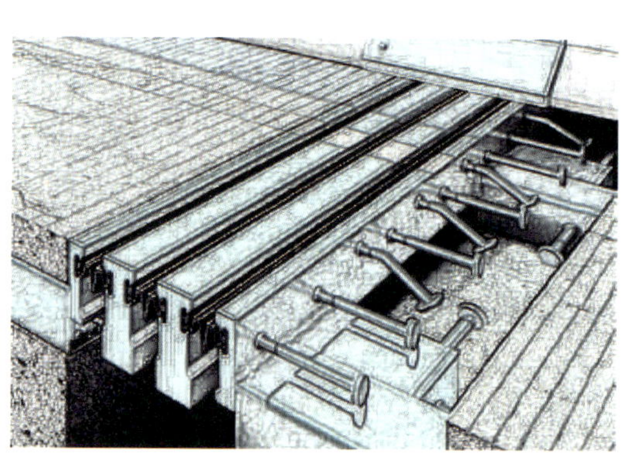

图 1-8　美国 DS 布朗模数式伸缩装置

1.1.3 钢梳齿板伸缩装置

钢梳齿板伸缩装置通常由钢梳齿板、不锈钢板、防水板及锚固螺栓组成，是将面层钢板做成梳齿状或锯齿状，在伸缩缝间隙处分别从左右两端伸出，相互契合形成悬臂式构造，或一段齿板跨越伸缩缝间隙后，搭在另一段不锈钢板上与固定面板相互契合形成整体构造，直接承受车轮滚压的一种伸缩装置。常见的钢梳齿板伸缩装置主要有 SFP 型、PGF 型、ZSF 型及 SF 型、LB 或 RB 系列、ZSYGF 型、MS 系列、DXB 型等。

1）普通钢梳齿板伸缩装置

SFP 型、PGF 型伸缩装置均由上海彭浦橡胶制品有限公司开发生产，该装置是用钢材装配制成的，直接承受车轮荷载。因采用高强螺栓进行锚固，多用于重型交通、大跨径钢桥，也可用于混凝土桥，但应注意其与混凝土的可靠锚固。PGF 型钢梳齿板伸缩装置构造见图 1-9。

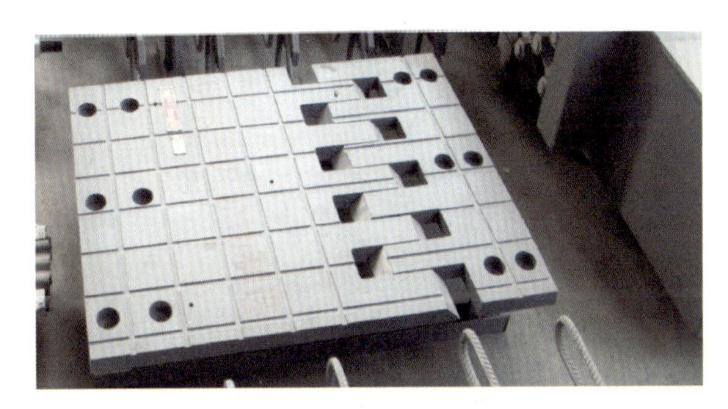

图 1-9 PGF 型钢梳齿板伸缩装置

柳州东方橡胶制品有限公司研制的 ZSF 型与 SF 型钢梳齿板伸缩装置也是一种普通钢梳齿板伸缩装置，如图 1-10 所示。

图 1-10 SF 型钢梳齿板伸缩装置

2）多向变位钢梳齿板伸缩装置

目前市场上有很多款多向变位钢梳齿板伸缩装置，包括 LB 或 RB 单元式钢梳齿板伸缩装置、ZSH 型钢梳齿板伸缩装置、ZSYGF 型多向变位伸缩装置和 MSQF 系列模块钢梳齿板伸缩装置等。

LB 或 RB 型伸缩装置由宁波路宝科技实业集团有限公司研制生产，是我国较早的一款多向变位钢梳齿板伸缩装置。该伸缩装置采用模块式钢梳齿板结构形式,一道伸缩装置由若干组标准模块与特殊模块组成。标准模块主要由多向变位铰、跨缝板和伸缩梳齿板组成,其他附件包括支承托架、锚固、防水防滑结构等。多向变位铰由竖向转动、横向变位、底盘等结构组成,是伸缩装置的核心部件,可随梁体做多向转动,满足桥梁的三维变形需要。其构造见图1-11。

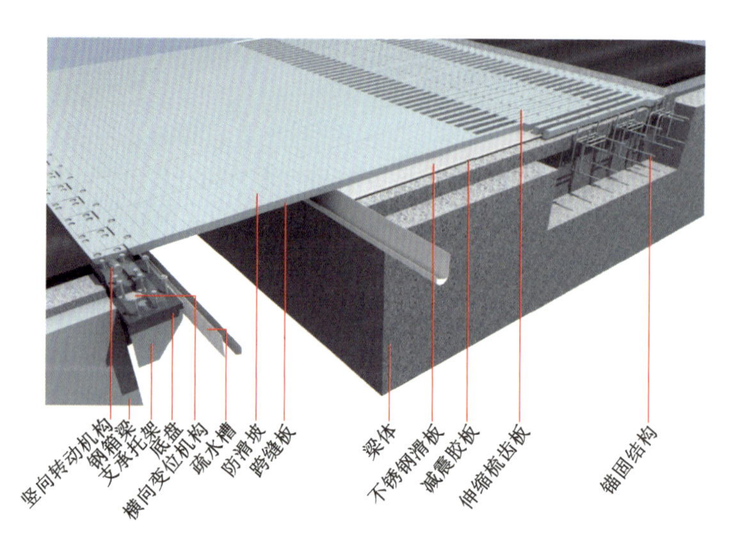

图1-11 LB或RB单元式钢梳齿板伸缩装置

ZSYGF型伸缩装置是由贵州省交通规划勘察设计研究院股份有限公司开发的一款多向变位钢梳齿板伸缩装置。其标准模块主要由多向变位装置、活动齿板(跨缝板)和固定齿板组成,其他附件包括锚固、防水防滑结构等(图1-12)。

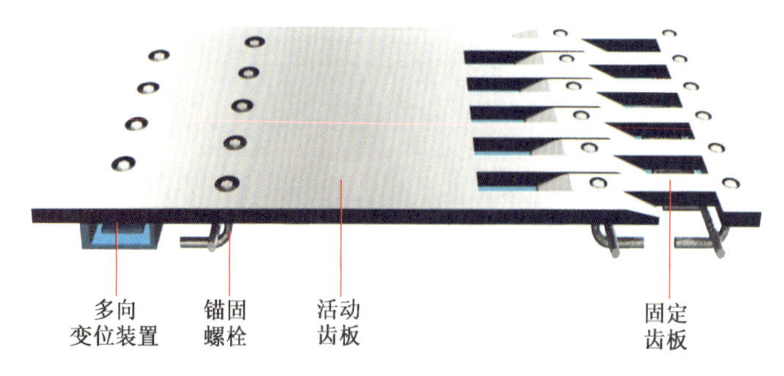

图1-12 ZSYGF型多向变位钢梳齿板伸缩装置

MS系列模块钢梳齿板伸缩装置是由西安中交土木科技有限公司研发的。其标准模块主要由多向变位装置、活动齿板和固定齿板组成,其他附件包括支承托架、锚固、防水防滑结构等(图1-13)。

同LB或RB型钢梳齿板伸缩装置一样,MS系列伸缩装置均为多向变位钢梳齿板伸缩装置,其在梁端间隙和安装深度、安装更换方便程度、水平转角性能、竖向转角性能、抗震性能、结构性能、防水防滑防病害性能等方面,与普通钢梳齿板伸缩装置相比具有较大的优势。多向变位钢梳齿板伸缩装置克服了传统钢梳齿板伸缩装置具有的一些缺陷,已成为钢梳齿板伸缩装置的主流产品和重点发展方向。

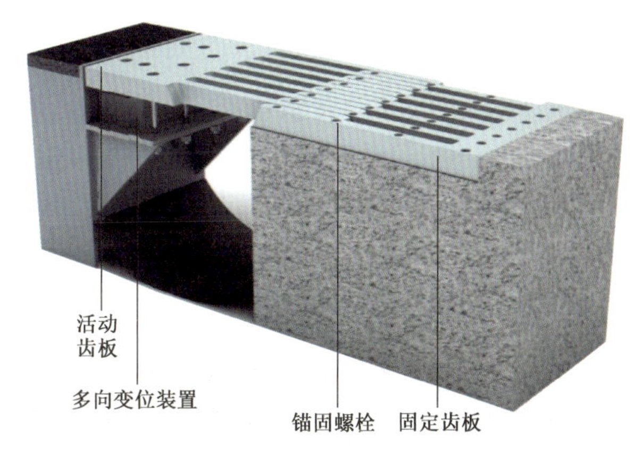

图 1-13 MS 系列模块钢梳齿板伸缩装置

1.2 我国桥梁伸缩装置的发展历程

我国桥梁伸缩装置的发展历程大体分为以下四个阶段:

第一阶段:新中国成立初期至 20 世纪 50 年代末,这一时期是公路建设初期。这一阶段中,因桥梁规模小,跨径都不大,结构多为小跨径的简支梁桥,受各种因素及当初的经济条件限制,对伸缩装置的要求不严格,对伸缩缝的处理常采用沥青或木板填塞对接型、U 形镀锌铁皮对接型和钢板叠合型伸缩装置。

第二阶段:20 世纪 60 年代初期至 1978 年改革开放,这是桥梁伸缩装置发展的中期阶段。其间,较大规模公路桥梁的出现和公路路线等级不断提高,对桥梁伸缩装置技术性能提出了更高的要求,出现了以橡胶制品为主的各种形式伸缩装置。应用较为广泛的有矩形和管形橡胶条型及组合式橡胶条型填塞对接型伸缩装置,M 型、W 型、SW 型等嵌固对接型伸缩装置,以及采用橡胶和加强钢板组合加工制成,具有一定刚度、一定柔度的板式橡胶伸缩装置。

第三阶段:1978 年至 20 世纪 90 年代末,随着改革开放的实施,我国社会主义现代化建设取得了突飞猛进的发展,这一时期,公路建设也得到了迅速发展,一批高等级公路和特大型公路桥梁相继建成。我国已基本结束了公路桥梁以及城市大型桥梁以板式橡胶伸缩装置为主的局面。我国桥梁工作者对使用过的伸缩装置进行分析研究,并结合国外成功经验,不断改进国内已有伸缩装置结构和材料构成,推进新型桥梁伸缩装置研制。如,由中交公路规划设计院和西安市自力化学工业公司、长安大学联合研制的 J-75 模数式伸缩装置,由铁道部大桥局勘测设计院推出的增加了水密封设施的钢梳齿板伸缩装置。1993 年,中交公路规划设计院与多家单位合作,又开发了 GQF-MZL 模数式型钢伸缩装置。

第四阶段:2000 年以后,新型钢梳齿板伸缩装置在我国得到了快速发展,以宁波路宝科技实业集团有限公司为代表的企业引进和开发了多向变位钢梳齿板伸缩装置,此装置在桥梁建设中得到了广泛的应用。随着交通基础设施建设的快速发展,目前我国公路桥梁伸缩装置的应用逐渐形成以模数式伸缩装置和钢梳齿板伸缩装置这两类伸缩装置为主流的局面。随着新材料的不断涌现,近年来还出现了一些无缝式伸缩装置(图 1-14),这类伸缩装置采用复合结构,通过弹性伸缩构件的智能拉伸功能,以满足桥梁伸缩缝各种变形要求。随着人们对行车舒适度提出了更高要求,无缝式伸缩装置也不断在桥梁工程中得到应用。

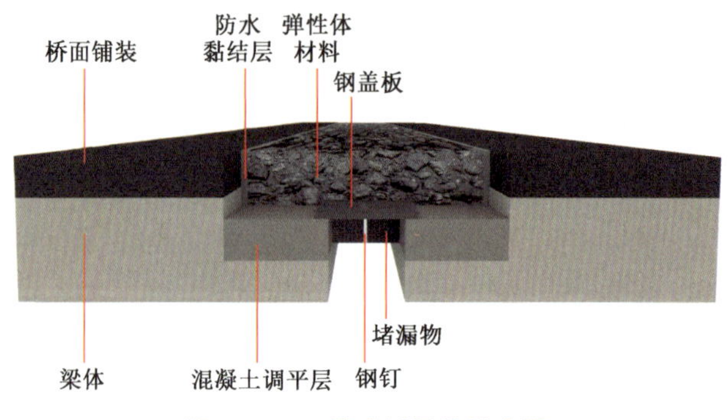

图 1-14　无缝式桥梁伸缩装置

1.3　桥梁伸缩装置的基本性能要求

1983 年 10 月,在澳大利亚悉尼召开的第七届国际桥梁和结构工程协会大会上确认了伸缩装置必须满足的 4 个条件:

(1) 保证桥梁的位移自由;

(2) 提供连续的交通承载面;

(3) 降噪和防振;

(4) 有良好的防水性能和排水系统。

同时满足上述四个条件的伸缩装置无疑是优异的产品。通过调研和分析认为,保证桥梁的位移自由、提供连续的交通承载面、有良好的防水性能和排水系统是伸缩装置应满足的基本要求,此外,还需从保障伸缩装置的基本功能、可施工性及耐久性方面提出相应要求。因此,桥梁伸缩装置的基本性能要求应包括以下几个方面:

1) 承载能力要求

对伸缩装置承载能力的要求包括对伸缩装置本身的要求及对伸缩装置锚固系统的要求,最理想状态的就是伸缩装置与梁体结合成等强的整体。其一,伸缩装置本身应满足承载能力的要求,即伸缩装置的主要承重构件具有良好的刚度、强度及整体性。要求对伸缩装置主要承重构件进行力学性能分析,考虑伸缩装置的开启程度,使其处于最不利状态下满足结构材料度、刚度要求。其二，桥梁伸缩装置与梁体可靠地连接，应能将桥面上车辆及其他荷载通过伸缩装置的支承和连接结构可靠地传递到梁体上。由于高速公路重型车辆增多，车速快，车辆的冲击作用很大，在车辆冲击荷载作用下，伸缩装置与梁体的连接问题更为突出，锚固系统一旦处理不好，容易出现伸缩装置的早期破坏。伸缩装置一般通过锚固钢筋与预埋钢筋焊接固定于梁体上，再浇筑伸缩缝锚固区混凝土。因此，在伸缩装置承载力设计方面除关注伸缩装置本身的承载构件外，还应重视伸缩装置与梁体的锚固性能，要求科学合理确定锚固件的锚固深度、构造形式、间距等。

2）伸缩变位要求

公路桥梁伸缩装置应能适应桥梁纵向、横向和竖向位移及其组合要求。桥梁伸缩装置的纵向位移主要包括由温度变化引起的梁体收缩或伸长、梁体混凝土的收缩徐变、汽车制动力引起的纵向位移，对于一些特殊情形，还需要考虑其他因素，如基础变位、风荷载等引起的纵向、横向伸缩及转角、竖向变位等。伸缩装置的横向位移主要由风荷载和曲线桥的离心力等产生。伸缩装置的竖向位移主要是指由车辆荷载作用产生的变形，其他情形还有桥梁墩台的沉降和梁端翘曲引起的转角变化。通常对于普通桥梁伸缩装置变位，主要考虑桥梁纵向位移，除弯道桥梁、大纵坡桥梁及特别的宽桥外，其横向和竖向变位需求不高，以纵向位移量选择桥梁伸缩装置。对于大跨径桥梁和部分特殊桥梁，除了纵向位移外，在选择桥梁伸缩装置时还需要考虑横向变位和竖向变位的影响。

3）车辆走行性要求

公路桥梁伸缩装置的车辆走行性要求，也是为了确保车辆行驶的安全性和舒适度。影响伸缩装置处车辆走行性的因素主要有桥面伸缩缝处的平整度、伸缩缝的抗滑性能。桥面的平整程度直接影响车辆行驶性能的好坏，对伸缩装置处平整性的要求，既包括伸缩装置本身安装的平整性，又包括伸缩装置与前后桥面衔接的连续性。目前对于桥梁伸缩装置的平整度有明确规定，对抗滑性能却没有明确具体要求。伸缩装置的抗滑性能由伸缩装置表面粗糙度决定，其具体指标有待进一步研究。

4）防水性能要求

桥梁伸缩装置应具有良好的防水、排水性能，以防止桥面积水通过桥梁伸缩装置处流入桥梁端部，影响桥梁的耐久性。因此，对于桥梁及其附属构造物，如支座的排水防水性能要求高的桥梁，一般不使用排水性和防水性差的伸缩装置。钢梳齿板伸缩装置由于本身结构的缺陷，防水性能相对较差，积水易通过梳齿板齿缝间隙流入U形橡胶止水带，通过橡胶止水带两端将水排走，这就有可能出现雨水通过伸缩装置止水带缺口处渗入主梁下缘及盖梁顶面支座，从而影响桥梁支座的耐久性。

模数式伸缩装置的防水性能总体上比钢梳齿板伸缩装置好。模数式伸缩装置在其两端与邻护栏处设置了翘头，可以有效防、排桥面的积水。当桥面积水量较大时，可形成汇流流入附近的泄水孔等排水设施；当桥面积水量较小时，无法形成汇流，积水则蓄积在伸缩装置橡胶止水带内慢慢蒸发。因此，对于型钢模数式伸缩装置，一定要确保橡胶止水带的安装质量，针对橡胶止水带的安装提出了一些技术要求。首先,橡胶密封带用橡胶材料特性应满足相关规范要求,禁止使用再生橡胶。其次,橡胶性能方面要求每米胶条的夹持力不小于5kN,要求伸缩装置和防水橡胶条的夹持性能优良,伸缩装置防水性能要求可靠,一般需开展防水性能试验。因此,应结合桥梁支座及桥下使用环境等因素选择防水、排水性能良好的伸缩装置,且要求在伸缩装置附近设置集中排水口,通过优化桥面排水设计进一步提高伸缩装置的排水可靠性。

5)施工要求

桥梁伸缩装置的施工要求包括两个方面:一方面是从施工安装简便性来看,假如在施工安装过程中施工工序复杂,往往导致费工费时。另一方面是从施工质量控制的难易程度来看,假如施工过程中技术要求高、施工质量控制难度大,可能在一般施工条件下难以保证施工质量,只有通过精细化施工,耗费大量的时间和精力,才能保证施工质量。因此,要求伸缩装置能在短时间内完成安装,具有易于施工的构造。

桥梁伸缩缝一直是桥梁的薄弱部位,所处的工作环境也比较恶劣,出现损坏和更换是不可避免的,在选择伸缩装置时还需考虑后期更换的便捷性。由于高速公路交通量很大,封闭交通会严重影响交通运行,甚至增加交通事故风险。因此,要想在后期运营养护期间减小对车辆通行的影响,就需要考虑伸缩装置后期更换的问题,实现不中断交通的更换。

第 2 章

CHAPTER 2

公路桥梁伸缩缝应用状况

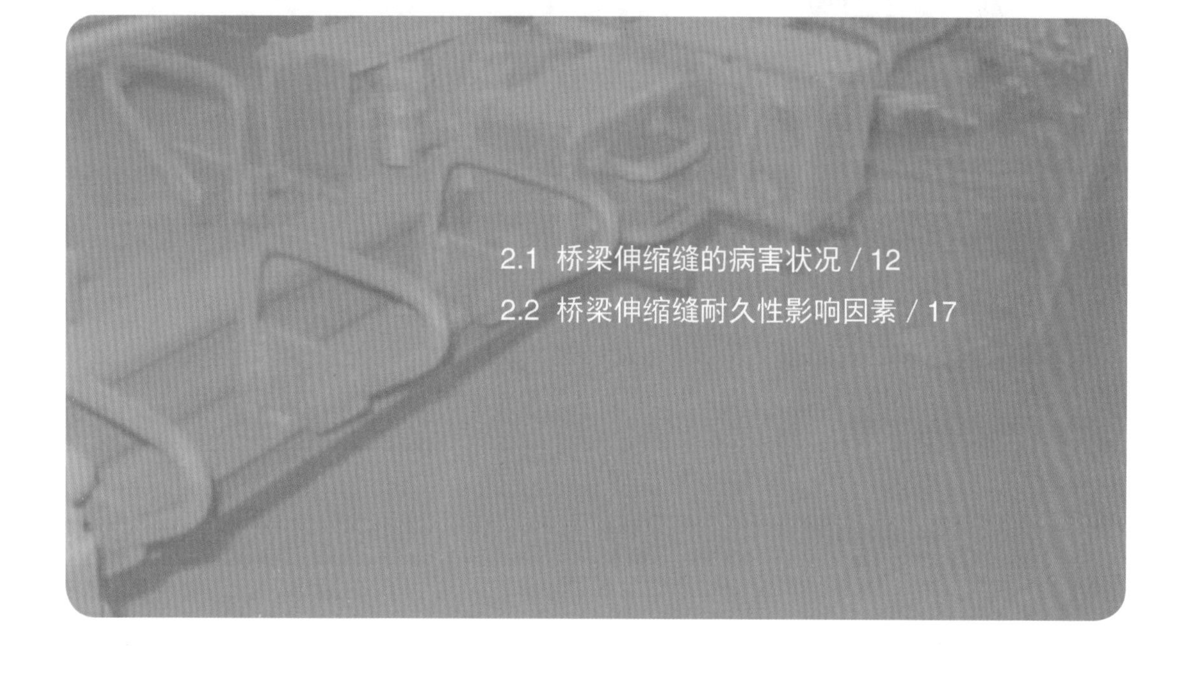

2.1 桥梁伸缩缝的病害状况 / 12

2.2 桥梁伸缩缝耐久性影响因素 / 17

桥梁伸缩缝虽然为桥梁结构中的附属部分，但其对桥梁结构的耐久性及行车安全却有着不可忽视的影响。伸缩缝既容易遭破坏又难以加强和修复，其频繁损坏现象普遍存在，于是不得不进行维护和更换，由此造成的经济和社会效益损失不可低估。因此，有必要结合桥梁伸缩缝的应用现状，分析桥梁伸缩缝耐久性的影响因素，寻找提高耐久性的方案。

2.1 桥梁伸缩缝的病害状况

2.1.1 模数式伸缩缝主要病害

模数式伸缩缝形式有单缝式、多缝式，不同形式伸缩缝病害具有其自身特点，结合调查情况，按单缝式和多缝式两种类型对伸缩缝的病害进行统计和分析。

1）单缝式桥梁伸缩缝

单缝式桥梁伸缩缝损坏类型主要有：伸缩缝锚固区混凝土破坏；伸缩装置异型钢变形、断裂；伸缩装置止水带内填充杂物、破损及脱落。具体见图2-1～图2-3。

图2-1 伸缩缝锚固区混凝土破坏

图2-2 伸缩装置异型钢变形、断裂

图 2-3 伸缩装置止水带内填充杂物、破损及脱落

2) 多缝式桥梁伸缩缝

多缝式(含双缝)桥梁伸缩缝损坏类型主要有:伸缩缝锚固区混凝土破损,位移箱处混凝土浇筑不密实;边梁变形或断裂;中梁断裂;位移箱变形、破坏;止水带内填充杂物、破损及脱落。具体见图 2-4 ~ 图 2-8。

图 2-4 伸缩缝锚固区混凝土破损

图 2-5 伸缩装置边梁变形、断裂

图 2-6 伸缩装置中梁断裂

图 2-7 伸缩装置位移箱变形、损坏

图 2-8 止水带内填充杂物、破损及脱落

下面以贵州省镇胜高速公路为例,对桥梁伸缩缝损坏形式的调查结果进行统计和归纳,见表 2-1。

贵州省镇胜高速公路桥梁伸缩缝病害情况统计表　　表2-1

序号	破坏类型	出现次数	占病害伸缩装置比例(%)
1	伸缩装置位移箱有关的病害	10	21.7
2	伸缩缝锚固区混凝土破坏	8	17.4
3	伸缩装置异型钢变形、断裂	9	19.6
4	伸缩量不足	3	6.5
5	伸缩装置止水带内填充杂物、破损及脱落	14	30.5
6	其他破坏情况	2	4.3

根据调查结果,该高速公路伸缩装置止水带发生病害的概率最大,在伸缩缝病害中所占比例达到了30.5%。与位移箱有关的病害也较多,占伸缩缝病害比例的21.7%,具体病害有位移箱下混凝土不饱满、存在空洞导致位移箱脱空,位移箱上混凝土损坏,位移箱损坏,位移箱移位,型钢与位移箱之间脱位等。异型钢边梁和中梁的变形断裂是模数式桥梁伸缩缝易发的病害之一,在调研中发现其在伸缩缝病害中所占比例达到了19.6%。锚固区混凝土破坏接近伸缩缝病害比例的17.4%,也是桥梁伸缩缝的易发病害。此外,伸缩缝还有一些不常见的病害,如支承伸缩装置的梁端横梁发生损坏,导致伸缩装置位移箱出现塌陷现象。

2.1.2　钢梳齿板伸缩缝主要病害

目前钢梳齿板伸缩缝主要病害包括:伸缩装置螺栓拔出、齿板脱落,伸缩缝锚固区混凝土破坏,多向变位装置损坏,伸缩装置梳齿板凹凸不平,伸缩缝被土、砂堵塞。

1)伸缩装置螺栓拔出、齿板脱落

钢梳齿板伸缩装置容易出现螺栓拔出、拉断现象,个别存在螺栓剪断、紧固螺母缺失,还出现齿板松动甚至脱落现象,影响行车安全。具体如图2-9所示。

图2-9　钢梳齿板伸缩装置螺栓拔出、齿板脱落

2)锚固区混凝土破坏

调研发现,槽口混凝土在锚固螺栓的拉拔及汽车荷载的冲击作用下,钢梳齿板伸缩装置同样存在锚固区混凝土易发生破坏的问题,如图2-10所示。

图2-10 锚固区混凝土破坏

3)多向变位装置损坏

主要表现为梳齿板支承转轴损坏(图2-11)、多向变位功能失效。

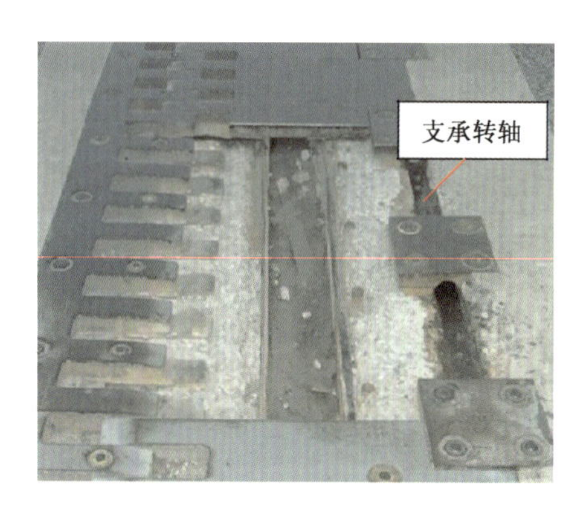

图2-11 梳齿板支承转轴损坏

4)梳齿板凹凸不平

主要为钢梳齿板伸缩装置固定齿板或活动齿板交叉处梳齿板或相邻两块齿板出现凹凸不平现象,如图2-12所示。

5)伸缩装置垃圾填塞

钢制支承伸缩装置的钢齿板之间间隙被桥面上的土、砂填塞,影响伸缩装置的伸缩功能,如图2-13所示。

图 2-12　梳齿板凹凸不平

图 2-13　伸缩装置被土、砂堵塞

2.2　桥梁伸缩缝耐久性影响因素

结合所调研的高速公路桥梁伸缩缝病害发生情况，通过分析，认为桥梁伸缩缝耐久性的影响因素主要包含产品、设计、施工及混凝土材料等四个方面。

2.2.1　产品方面

对于目前国内常用的模数式伸缩装置来说，其受力机理和工作原理是基本相同的，其主要差别在于主梁结构形式、伸缩位移联动机构、锚固处理的方式等几个方面，这些因素对伸缩装置的耐久性有较大影响，主要包括：

(1)边梁形式多样和中梁截面刚度不同。边梁形式选择不合理导致边梁病害，尤其是对于单缝式伸缩装置，当边梁形式(目前采用 F 型钢居多)选择不同时，边梁的病害严重程度不同。中梁通常采用“王”字钢，由于其截面尺寸有差异，中梁截面刚度不同。

(2)伸缩位移连杆结构不同。根据国内使用情况，GQF 型伸缩装置采用的是铸钢直梁连杆形式,这类位移联动机构的伸缩装置存在纵向变位锁死的情况。对于毛勒或仿毛勒伸缩装置,由于采用格梁式支承横梁,随着位移量的增大,支承横梁数量大量增加,位移控制弹簧随之增加,同时支承箱体积变大,不利于伸缩装置与梁体的锚固,可见这种形式对大位移量的伸缩装置是不适用的。

(3)锚固处理方式不同。普通模数式伸缩缝施工时,锚固钢筋和预埋钢筋在纵向和横向易发生错位而无法焊接,横向钢筋很难同时穿过,横穿钢筋不能进行有效连接。由于锚固方式和构造原因达不到预期效果,产生伸缩缝混凝土破坏、锚固钢筋脱落等现象。

对于普通钢梳齿板伸缩装置而言,由于设计方面仅考虑纵向伸缩的变位,不能适应桥梁梁体竖向转角和水平变位,当梁体在受载下陷、梁端上翘发生转角时,伸缩装置的梳齿板会随梁端转动而翘起(对于坡度较大的桥梁,更易发生梳齿竖向错位而引起齿板上翘情况),车辆碾压后会产生梳齿断裂、齿板拉脱等现象。普通钢梳齿板伸缩装置的锚固结构多采用预埋安装螺栓,受汽车荷载冲击作用,锚固结构易出现松动甚至失效,从而使钢梳齿板脱落、缺失;而部分锚固螺栓下部依然锚固于混凝土中,如同埋入桥面的“钉子”,给车辆运行带来很大安全隐患。对于多向变位钢梳齿板伸缩装置来说,各类型产品的主要差别在于多向变位装置的形式不一致。多向变位装置的可靠性对伸缩装置的使用功能和耐久性均有很大的影响,应结合不同桥梁需求选择合适可靠的多向变位伸缩装置。锚固螺栓损坏导致齿板脱落也是多向变位钢梳齿板伸缩装置常见的病害,同普通钢梳齿板伸缩装置一样,也存在锚固螺栓拔出刺穿运行车辆轮胎的风险。

2.2.2 设计方面

桥梁伸缩装置选型及梁端构造设计是影响桥梁伸缩缝耐久性的重要因素,设计时应综合多方面的因素,包括考虑梁体的多向变位性能、伸缩装置与梁体锚固性能、防水性等因素。设计对伸缩缝耐久性的影响主要表现在以下几个方面:

(1)伸缩装置的选型不合理,包括在设计过程中对伸缩装置的性能了解不够全面,忽视了产品的相应技术要求,只按伸缩量计算值选定产品形式。

(2)很多设计是将伸缩装置的锚固件大部分或全部置于桥面铺装层中,与主梁(板)连接的部分很少,达不到刚性锚固的目的。

(3)伸缩装置根部与混凝土桥面板相连的锚固钢筋间距设计过大,混凝土中钢筋锚固长度不够,锚固区的混凝土强度偏低,防、排水设施不完善。

(4)梁端伸缩缝处翼板设计刚度不足,变形过大,导致伸缩缝锚固区混凝土破裂。

(5)山区桥梁设计选型未能考虑“弯、坡、斜”条件对桥梁伸缩装置的影响。山区桥梁中弯桥较多,内侧和外侧的变形存在差异,且有离心力的作用,伸缩装置受力更为复杂;斜交桥边跨梁长不等,使得梁体变形不一致,从而对伸缩装置有一定影响;对于纵坡较大的桥梁,在车辆的冲击荷载作用下,支座向下坡方向会产生较大的剪切变形,严重时会产生纵向滑移,致使伸缩装置卡死或拉裂。

2.2.3　施工方面

施工不规范、施工质量控制不到位，通常被认为是伸缩缝发生破坏的重要原因。施工对伸缩缝耐久性的影响主要表现在以下几个方面：

(1)锚固件焊接质量不够，造成伸缩装置锚固性能差，预埋筋与伸缩装置的连接不牢靠，承受不起车辆的强烈冲击与振动。

(2)未重视混凝土配合比设计与现场拌和及运输，后浇混凝土(或其他填充料)浇筑不密实，达不到强度要求，承受不起车辆的强烈冲击，后浇混凝土养护不到位，后浇混凝土模板漏浆造成伸缩缝间隙阻塞或顶死等，都可能造成伸缩缝的早期破坏。

(3)安装开口预留伸长量不足，拉断橡胶条，桥面雨水下漏导致支座等金属构件锈蚀，台背与梁端处掉进杂物，挤坏台背和梁端；安装闭口预留压缩量不足，挤死伸缩装置，挤坏混凝土，使路面出现坑槽等破损。

(4)桥梁主体施工与伸缩缝施工不能密切配合，梁端、背墙预埋钢筋位置不准确，台背和梁端预留钢筋缺损，或是施工时运料车辆将预留锚固钢筋压坏，造成伸缩装置的钢筋与预留的锚固钢筋连接不够，浇筑混凝土后伸缩装置整体刚度不足，高速重载车的作用使混凝土出现松散破坏，严重时致沥青路面破坏。

(5)没有考虑到伸缩装置安装时实际温度的影响，导致实际有效伸缩量不正确，伸缩装置两侧混凝土和沥青混凝土铺装层结合不好，碾压不密实，容易发生开裂、脱落，最终引起伸缩缝破坏。

(6)伸缩装置安装时，预留槽两侧路面混凝土若存在高差，受到车辆荷载的反复作用，也会加速伸缩装置的损坏，或未对锈蚀的预埋钢筋彻底除锈，钢筋与混凝土不能有效结合，整体强度下降。

(7)伸缩装置安装施工不规范，甚至不按设计图纸要求施工，定位角钢位置不正确，施工人员未严格按安装程序及有关操作要求施工，或伸缩装置安装后混凝土没有达到强度就提前开放交通，致使伸缩装置不能正常工作或锚固区混凝土过早损坏。

2.2.4　混凝土材料方面

聚丙烯混凝土、普通混凝土、钢纤维混凝土因施工方便、成本低，已成为目前应用较多的桥梁伸缩缝锚固区混凝土材料，但从其使用情况和维修情况来看，锚固区混凝土存在不少过早破坏现象，说明混凝土的表现未能达到设计预期。除抗压强度要求外，目前对桥梁伸缩缝锚固区混凝土缺乏明确的性能指标要求。桥梁伸缩缝锚固区混凝土往往是伸缩缝最先破坏和最容易破坏的部位，提高锚固区混凝土的性能，对保证伸缩缝耐久性有至关重要的作用。

第 3 章

CHAPTER 3

模数式伸缩装置耐久性提升研究

3.1 模数式伸缩装置型号类别 / 22

3.2 模数式伸缩装置的组成 / 23

3.3 单缝式伸缩装置的力学性能分析 / 27

3.4 模数式伸缩装置主梁受力分析与试验测试 / 31

3.5 模数式伸缩装置耐久性提升建议 / 48

3.1 模数式伸缩装置型号类别

3.1.1 单缝模数式伸缩装置

单缝模数式伸缩装置由边梁、锚固系统、密封防水系统组成,适用于桥梁伸缩量不大于80mm的情形。边梁可有效承受车辆的荷载与冲击,锚固系统与梁端预留锚固件锚固,使伸缩装置与桥梁形成一个整体,将边梁承受的荷载有效传递给混凝土梁体。密封防水系统通常由氯丁橡胶或三乙丙橡胶制作的密封带嵌入边梁型钢相应的腔内,防止雨水、桥面垃圾落入。单缝模数式伸缩装置具体见图3-1。

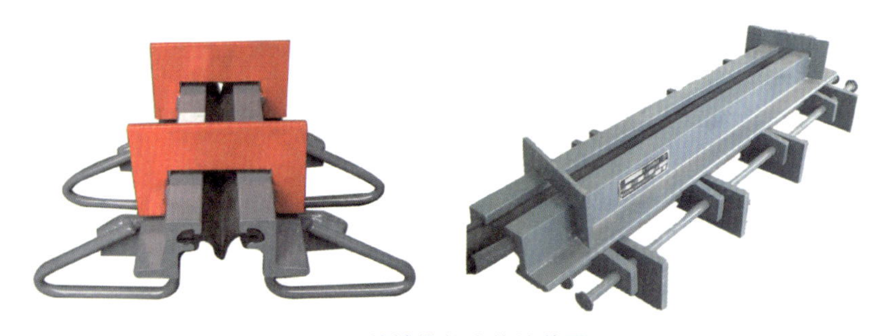

图3-1 单缝模数式伸缩装置图

3.1.2 多缝模数式伸缩装置

多缝模数式伸缩装置由边梁、中梁、支承梁、支承箱、位移联动机构等构件构成,每根中间梁有独立的支承系统,位移控制系统整合在支承系统中,具有结构紧凑、性能可靠等优点。对比单缝模数式伸缩装置,多缝模数式伸缩装置主要增加了中梁、支承梁、位移联动机构等部件,其伸缩量以80mm为模数单元。多缝模数式伸缩装置具体见图3-2。

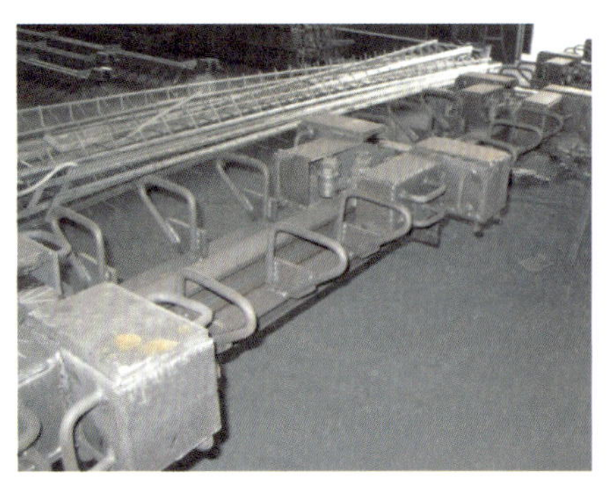

图3-2 多缝模数式伸缩装置图

3.2 模数式伸缩装置的组成

模数式伸缩装置是由纵梁(异型钢主梁)、横梁、位移控制箱和橡胶密封带等构件组成的伸缩装置,一般用于伸缩量大于80mm的桥梁。模数式伸缩装置主要构造示意见图3-3。

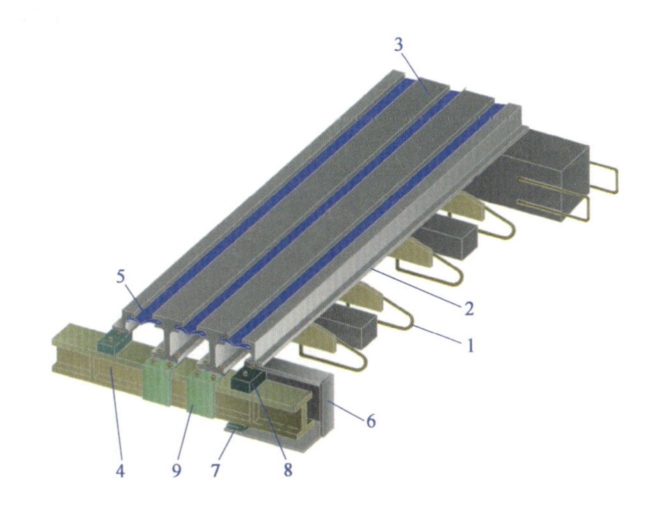

图3-3 模数式伸缩装置主要构造示意图

1-锚固筋;2-边梁;3-中梁;4-横梁;5-防水橡胶带;6-箱体;7-承压支座;8-压紧支座;9-吊架

3.2.1 异型钢主梁

专用异型钢是模数式伸缩装置的主要承重构件,目前国内制造企业采用的是引进德国MAUR-ER公司全套技术的专用异型钢。异型钢主梁构造差异主要表现为模数式伸缩装置边梁和"王"字钢中梁的截面和尺寸不同。边梁型钢直接与梁体连接,其所受荷载直接传递给梁体,主要作用为保护梁体端部混凝土。边梁主要采用C型钢、RG型钢、F型钢、Z型钢以及E型钢。中梁主要承受竖向和水平向的车辆荷载,并将其传递至支承横梁上。中梁主要采用"王"字型钢,早期"王"字型钢的形成有一次轧制成型和焊接成型两种。由于一次轧制成型的主梁结构整体性受力好,进入20世纪以来,基本都采用一次轧制成型。一般情况下,中梁型钢的截面尺寸为80mm×120mm,而截面尺寸为90mm×120mm及90mm×130mm的中梁型钢主要用于重型交通地区。在主梁材质上,根据调研,采用的材料大多为Q345(16Mn)。下面是常用的几种异型钢边梁,见图3-4。

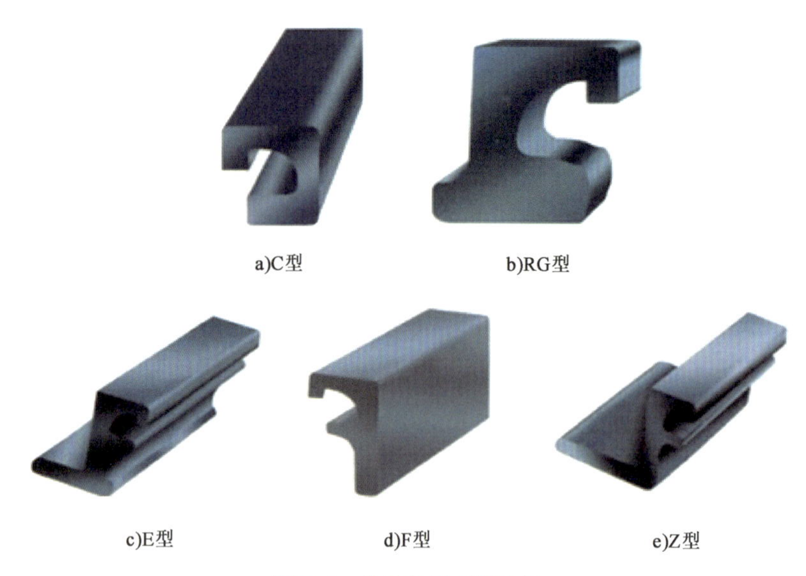

图 3-4　常用的异型钢边梁

3.2.2　锚固组件

1)边梁的锚固

模数式伸缩装置边梁的锚固方法一般是在模数式伸缩装置的边梁下部焊接固定钢板，将模数式伸缩装置与钢板固定。固定钢板一般设置为固定间距(如 20cm)，然后在钢板上焊接一个锚固环，再设置几根横向分布钢筋同时穿过锚固环与预埋钢筋，有的还要求将横穿钢筋或锚固环与槽口预埋钢筋焊接，从而实现模数式伸缩装置的锚固。模数式伸缩装置边梁锚固结构见图 3-5。

图 3-5　E 型钢边梁伸缩装置锚固结构

由图 3-5 可以看出，即使是同种型式边梁的模数式伸缩装置，其锚固形式也存在一定差异，最根本的差异在于对槽口深度的要求不同，同时对槽口尺寸的要求也不同，但对梁体预埋钢筋的间距要求基本一致。不同锚固结构对伸缩装置锚固性能的影响,以及究竟选择哪种锚固结构比较合理,将在后续章节展开介绍。

2)支承箱的锚固

模数式伸缩装置的支承箱体积较大,目前支承箱锚固通常有两种做法:一种是在支承箱两侧设置U形锚固钢环,另一种是在支承箱上设置锚钉,伸缩装置安装时与梁端顶预留槽区预埋件焊接,以确保支承箱在混凝土中形成可靠的锚固。实际中也有发现部分伸缩装置产品的支承箱未设置相应锚固措施的情形。

3.2.3 支承横梁

支承横梁组弹性支承在桥面两侧的位移控制箱内。格梁式伸缩装置各根支承横梁之间,以及支承横梁与位移控制箱之间通过聚氨酯压缩弹簧控制间隙变位的均匀性。直梁式伸缩装置每根支承横梁同时弹性支承多根中梁,在各根支承横梁之间的中梁下缘设置橡胶剪切弹簧,用于控制间隙变位的均匀性。目前市场应用以直梁式伸缩装置居多。直梁式伸缩装置支承梁一般采用钢板或焊接工字钢(图3-6),采用焊接工字钢可以节省梁体所需钢材,但对焊接要求高,需采用熔透焊,超声波探伤要求达到Ⅰ级要求。

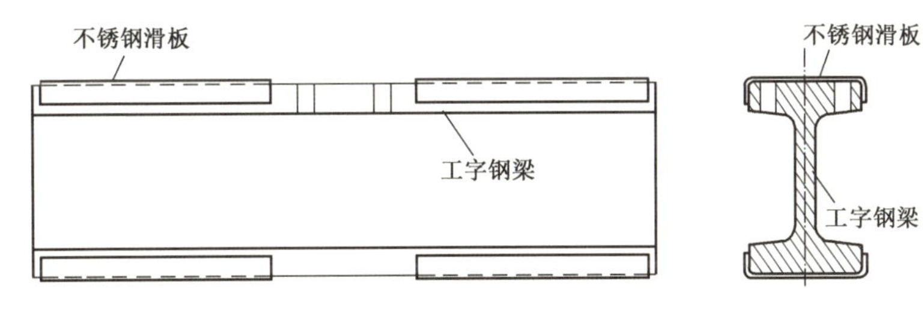

图3-6 支承横梁示意图

支承横梁是伸缩装置的主要承载部件,由于弹性元件在支承横梁上滑动和转动,因此,支承横梁应具备足够的刚度和较小的摩擦力。支承横梁的上下面与弹性元件接触的部位布置了不锈钢滑板,以减小弹性元件在支承梁上滑动时的摩擦阻力,滑动面还应涂硅脂润滑油。

3.2.4 位移系统

1)压缩弹簧控制

压缩弹簧一般采用聚氨酯材料制成,压缩弹簧位移控制方式是在各型钢之间采用压缩弹簧串联布置,通过串联结构压力相等使压缩弹簧产生等量压缩变形来控制缝宽的均匀性,主要用于格梁式伸缩装置(图3-7)。由于格梁式伸缩装置随着位移量的增大,支承横梁数量大量增加,压缩弹簧数量随之增加,同时支承箱体积变大,一方面增加成本,另一方面使安装空间不足,因此格梁式伸缩装置不宜用于较大位移量的情况。

图3-7 压缩弹簧控制

2)钢铰链机械连杆控制

铰链式位移控制方式是通过在各型钢之间设置铰链机构,通过机械铰链的等距伸缩实现缝宽的等距控制(图 3-8)。铰链机构具有一个剪刀或格架一样的机械装置,用来控制各主梁发生等距离位移。采用铰链控制的直梁式伸缩装置,这类位移联动机构对变位要求严格,零件众多,对安装要求较高,刚性结构一旦发生锈蚀、安装存在初始变位或者后期主梁发生微小变形,均会造成伸缩装置纵向变位锁死,连接螺栓易松动,行车时机械连杆冲击噪声大。目前国外已经淘汰了钢铰链位移传动方式。

图 3-8　钢铰链机械连杆控制

3)旋转梁式位移控制

旋转梁式位移控制方式是在单梁支承体系中将支承横梁与中梁、边梁成一定夹角斜向布置,在伸缩时利用铰接平行四边形原理,通过横梁夹角的改变使各型钢顺桥向同步平移来实现缝宽的等距控制,一般斜梁式模数式伸缩装置的位移控制方式采用斜梁体系(图 3-9)。斜梁式模数式伸缩装置结构简单,将伸缩装置的支承系统和位移控制系统合二为一,省去了压缩弹簧或橡胶剪切弹簧等位移控制元件,通过几何原理控制位移,各型钢间隙变位均匀性良好。但是,由于承压支承与压紧支承既要传递竖向荷载,又要承受位移控制时保持几何关系产生的水平力,受力复杂,易出现早期磨损和破坏,而且对加工和组装精度要求高。

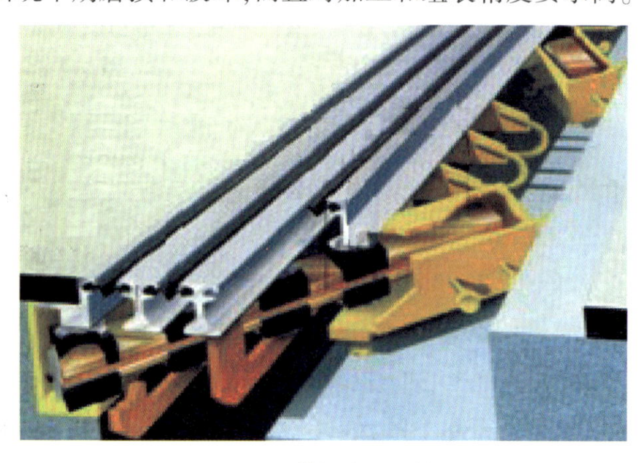

图 3-9　旋转梁式位移控制

4)橡胶剪切弹簧控制

橡胶剪切弹簧主体由天然橡胶或聚氨酯橡胶制成,在各型钢之间采用剪切弹簧串联布置在中梁底部,通过串联结构剪力相等使剪切弹簧产生等量剪切变形来控制缝宽的均匀性,主要用于直梁式伸缩装置(图3-10)。采用剪切弹簧位移控制方式的直梁模数式伸缩装置,当汽车冲击荷载作用于伸缩装置时,由于剪切弹簧本身具有剪切刚度,能将荷载传递给相邻的型钢并使其发生均匀变位,同时支承系统和位移控制系统相对独立,互不干扰,采用单根支承梁承重,减少了支承梁的数量,因此,可适用于较大位移量要求的情况。

图3-10 橡胶剪切弹簧控制

3.3 单缝式伸缩装置的力学性能分析

3.3.1 边梁的受力分析

为了合理选择主梁截面,对模数式伸缩装置所采用的不同形式边梁进行受力分析。根据研究需要,结合目前常用的桥梁宽度、车道及车轮布置特点,桥面宽度采用12m进行结构建模。研究针对C型、F型、Z型及E型四种异型钢边梁截面分别建立了型钢的2D模型。考虑到边梁的受力特点,采用2D模型能较好地模拟在规范规定的荷载下各型钢截面应力大小及应力分布情况。计算模型的边界条件及荷载选择如下:

(1)边界条件的确定。模数式伸缩装置边梁与桥梁上部结构主梁的连接是通过在边梁下缘焊接连接钢板,之后在连接钢板上焊接锚固环实现的,并横穿横桥向钢筋加强连接。在理想施工状态下,可以将计算模型的边界条件简化为边梁下缘与主梁为面接触并为固结状态。

(2)计算荷载的确定。根据《公路桥梁伸缩装置设计指南》(JTQX-2011-12-1)有关规定,采用规定的标准车辆疲劳荷载加载,取竖向荷载作用192.58kN,水平荷载作用64.19kN。针对 C 型、F 型、Z 型、E 型四种边梁型钢建立有限元模型，如图 3-11 所示。重点考察在规范规定的荷载下各型钢截面受力性能情况。

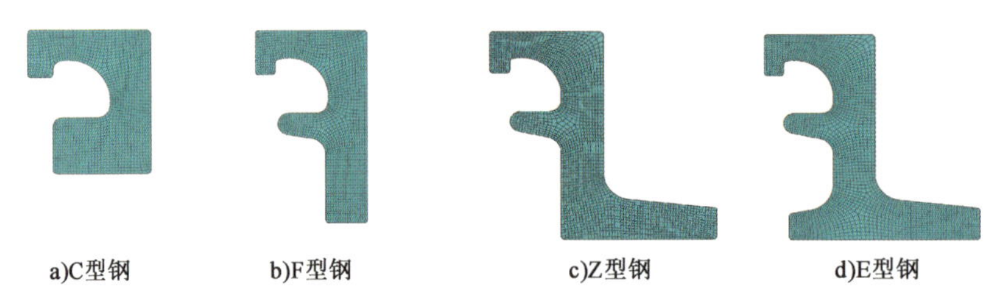

a)C型钢　b)F型钢　c)Z型钢　d)E型钢

图 3-11　四种类型边梁型钢模型

表 3-1 为组合荷载用下四种边梁受力最不利应力计算结果，型钢的应力云图见图 3-12。

竖向以及水平荷载作用下边梁最大应力　表 3-1

型钢截面类型	C 型	F 型	Z 型	E 型
应力(MPa)	187.2	213.2	178.8	163.5

由表 3-1 及图 3-12 可知，在四种边梁型钢 Mises 应力中，最大的为 F 型，其值为 213.2MPa，最小的为 E 型，其值为 163.5MPa，最大应力均出现在各型钢截面最薄弱的位置。

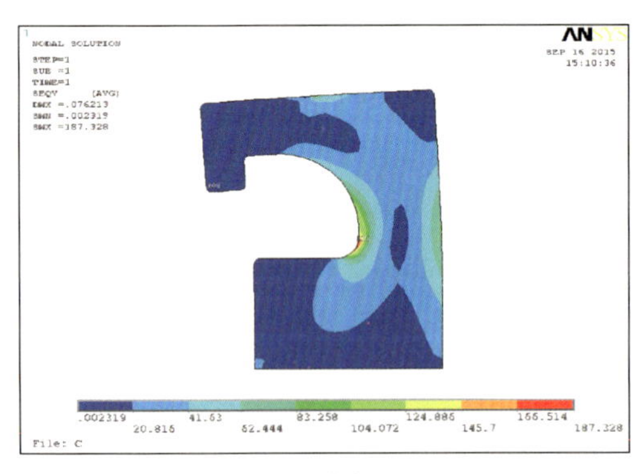

a)C型钢应力云图

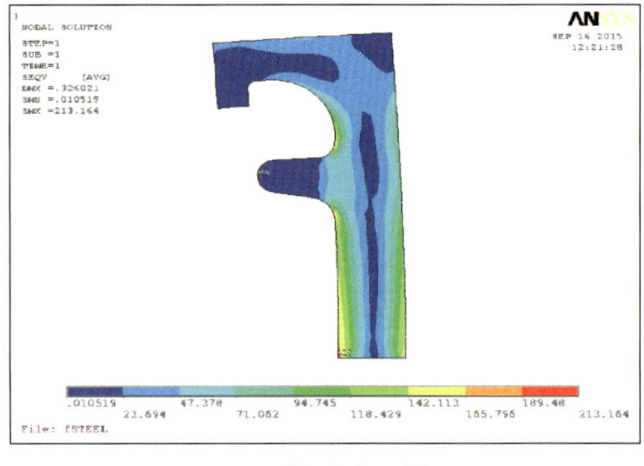

b)F型钢应力云图

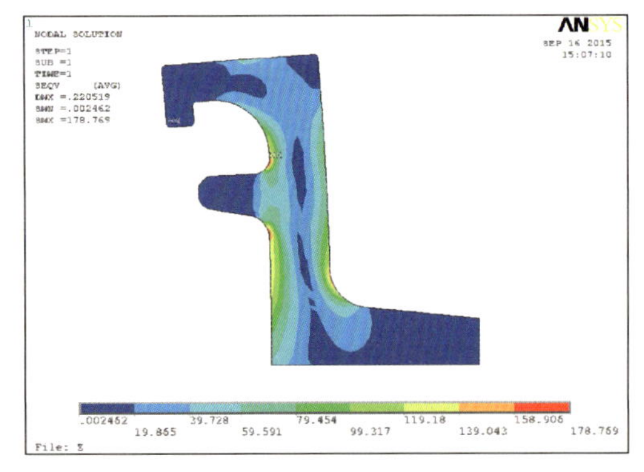

c)Z型钢应力云图

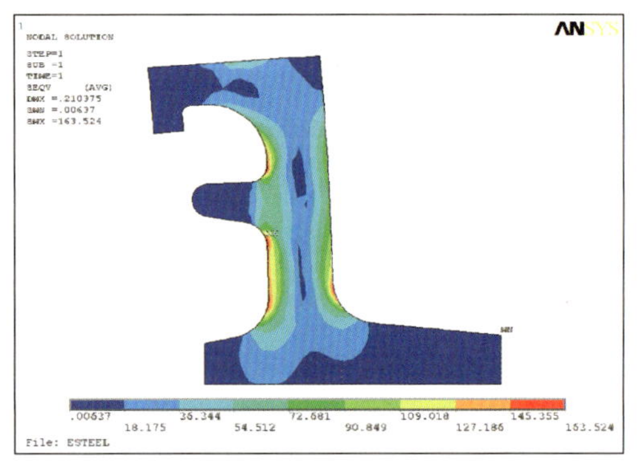

d)E型钢应力云图

图 3-12　四种型钢 2D Mises 应力云图

目前，模数式伸缩装置采用的材料主要为Q345（16Mn），其抗弯强度允许值（295MPa）均大于四种异型钢边梁的计算值，说明型钢的静力强度储备能满足伸缩装置的受力要求。

根据《钢结构通用规范》（GB 55006—2021）中关于钢结构疲劳计算的规定，当应力循环变化次数大于5×10^4次时，应进行疲劳计算。桥梁伸缩装置长期处于动荷载的作用下，根据桥梁的设计通行能力和实际使用状况，一般情况下建成通车几年内其循环变化次数就会达到甚至超过2×10^6次，远大于50000次，参考《钢结构设计标准》（GB 50017—2017），根据疲劳构件和连接分类，边梁可归为Z1类，其疲劳容许应力为176MPa。根据有限元计算结果，四种边梁疲劳应力幅值$\Delta\sigma_e$分别为：C型187.2 MPa、F型213.2 MPa、Z型178.8 MPa、E型163.5MPa。显然，从疲劳应力幅值来看，E型钢边梁应力满足疲劳构件的强度要求，C型、Z型钢边梁应力有少许超标，而F型钢边梁的受力远大于疲劳应力的控制容许应力幅。也就是说，在考虑疲劳受力后，F型钢边梁的强度不能满足疲劳计算要求。

3.3.2 伸缩装置边梁脱空影响分析

在伸缩装置病害调研过程中，发现很多模数式伸缩装置的边梁没有支承于混凝土上，仅依靠伸缩装置锚固钢筋与梁体连接，使异型钢边梁由面支承变成点支承，这时我们认为桥梁模数式伸缩装置与混凝土发生脱空。这不但使异型钢边梁的应力增大，而且增大了锚固环处混凝土的拉应力，容易造成锚固区混凝土的破坏甚至异型钢边梁断裂或脱出。因此，本节针对边梁脱空对桥梁伸缩装置的影响进行了分析研究。

为了分析异型钢边梁脱空对模数式伸缩装置受力性能的影响，取一个车轮影响范围内的伸缩装置型钢及混凝土为研究对象，锚固钢筋间距取20cm，钢筋直径取16mm，边梁型钢受到均布轮载的作用，对四种型式边梁在最不利荷载工况作用下伸缩装置边梁脱空情形进行了计算。根据《公路桥梁伸缩装置设计指南》（JTQX-2011-12-1）中车辆疲劳荷载的相关规定，采用标准车辆疲劳荷载加载，竖向力疲劳荷载取192.58kN，水平疲劳荷载取64.19 kN。模数式伸缩装置的边梁底部焊接连接钢板，锚固钢筋通过焊接连接钢板起到固定异型钢边梁的作用。横向钢筋穿过锚固钢筋与预埋钢筋，锚固钢筋与混凝土内预埋钢筋焊接连接。在理想的条件下，边梁底部与连接钢板可以简化为绑定约束，锚固钢筋和预埋钢筋成为一个刚性整体，内嵌于混凝土中共同作用。

F型钢边梁全部脱空时模数式伸缩装置锚固钢筋及混凝土的应力如图3-13和图3-14所示。由应力云图可知，边梁脱空时伸缩装置在汽车荷载作用下混凝土的应力达到3.842MPa，此时，锚固钢筋应力值为145.7MPa，锚固区混凝土的应力远大于C50混凝土的拉应力容许值。

表3-2列出了脱空和不脱空时四种型式边梁锚固钢筋和混凝土的计算结果。表中计算结果表明，当边梁支承于预留槽混凝土上不存在脱空时，四种型式边梁的锚固区混凝土应力抗拉强度设计值为1.83MPa，锚固区钢筋应力也较小。当边梁脱空时，四种型式边梁的槽口锚固区混凝土均远大于混凝土拉应力设计容许值，其中C型增大约3.8倍，其他类型增大约2.4倍，均不

能满足设计要求，同时钢筋应力也急剧增加，增加约3～6.7倍。综上所述，边梁未脱空时模数式伸缩装置与锚固区混凝土在汽车荷载作用下的应力值都很小，可满足设计预期要求。当边梁发生脱空时，不但会引起锚固区混凝土开裂、破坏，使钢筋发生断裂，而且增加了边梁断裂的风险。

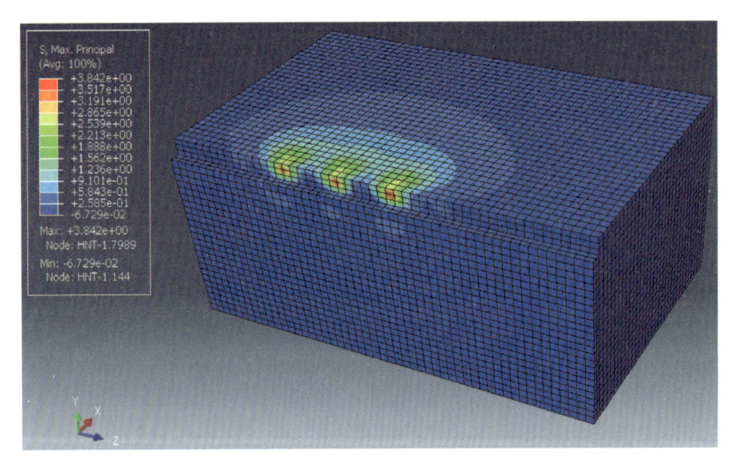

图3-13 F型钢边梁脱空时混凝土主拉应力图

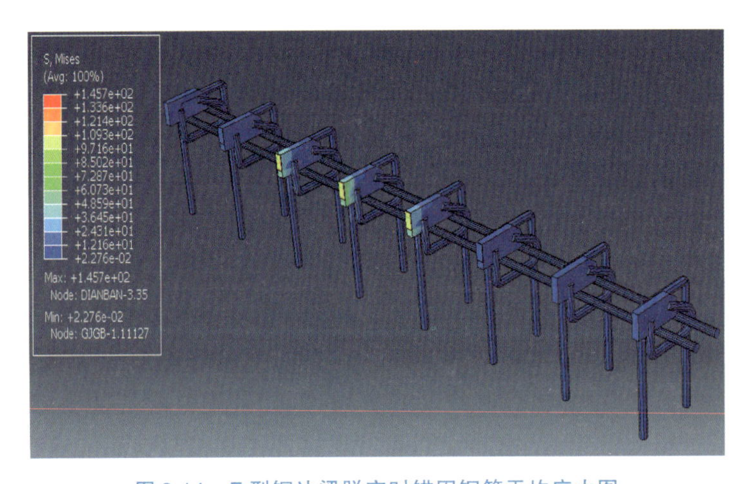

图3-14 F型钢边梁脱空时锚固钢筋平均应力图

四种型式边梁不脱空及脱空情况下计算结果对比(单位:MPa) 表3-2

边梁类型	边梁不脱空时		边梁脱空时	
	混凝土主拉应力	钢筋平均应力	混凝土主拉应力	钢筋平均应力
C型	1.142	35.3	4.352	235.7
E型	1.681	20.62	3.987	133.3
Z型	1.659	29.31	3.917	130.8
F型	1.595	48.21	3.842	145.7

通过对伸缩装置脱空现象的调研分析可知，桥梁模数式伸缩装置产生脱空的原因主要有两种：第一种是边梁类型选用不合理引起的脱空，第二种是伸缩装置安装宽度过大引起的脱空。在第一种情形下，由于F型钢下部没有支承，不能有效支承于槽口混凝土之上，从而形成

脱空，这一问题可以通过合理的设计选型加以避免；第二种情形主要是由于伸缩装置的设计宽度计算不准确、型号选择不当，或安装温度与设计温度不一致，引起伸缩装置的伸缩位移不能满足梁体的伸缩要求等，使得伸缩装置的伸缩位移小于梁体的正常安装宽度，施工强行安装导致伸缩装置边梁脱空，这种现象可以通过规范施工加以避免。因此，为了避免异型钢边梁发生脱空引起桥梁模数式伸缩装置和锚固区混凝土破坏，结合对伸缩装置边梁脱空原因的分析，提出下列预防处理措施：

(1) F 型钢边梁伸缩装置在使用过程中极易发生脱空（尤其是单缝式伸缩装置），在模数式伸缩装置设计选型时，应避免采用 F 型钢边梁，宜采用有下翼缘的主梁。

(2) 在桥梁设计时应因地制宜，设计时应将梁端的伸缩位移计算准确，根据所设计的模数式伸缩装置规格型号，设置合理的梁端间隙，给安装伸缩装置的施工人员预留合理的操作区间。

(3) 桥梁架梁施工时，需严格按照设计图控制伸缩缝的梁端间隙，避免梁端间隙过大，导致后期伸缩装置安装时异型钢边梁脱空。

(4) 当在施工过程中出现伸缩缝梁端间隙过大而伸缩装置规格型号偏小的情形时，应停止安装，对梁端构造进行处理，或替换为加大规格型号的伸缩装置。此外，若安装过程中实际安装温度与设计温度不同，应按安装时的温度重新调整伸缩装置缝宽，避免安装时伸缩装置边梁脱空。

3.4 模数式伸缩装置主梁受力分析与试验测试

3.4.1 不同支承横梁间距下中梁的受力计算

为了分析多缝模数式伸缩装置受力时“王”字钢中梁的受力情况，结合目前常用的桥梁宽度、车道及车轮布置特点，桥面宽度采用 12m 进行结构建模（图 3-15），分别建立 1.2m、1.5m、1.8m、2.0m 支承间距的双缝模数式伸缩装置模型，计算在疲劳荷载工况作用下，12m“王”字钢中梁应力及变形情况。根据《公路桥梁伸缩装置设计指南》（JTQX-2011-12-1）对设计荷载的规定，竖向力疲劳荷载取 192.58kN，所产生的水平力疲劳荷载取 64.19kN。

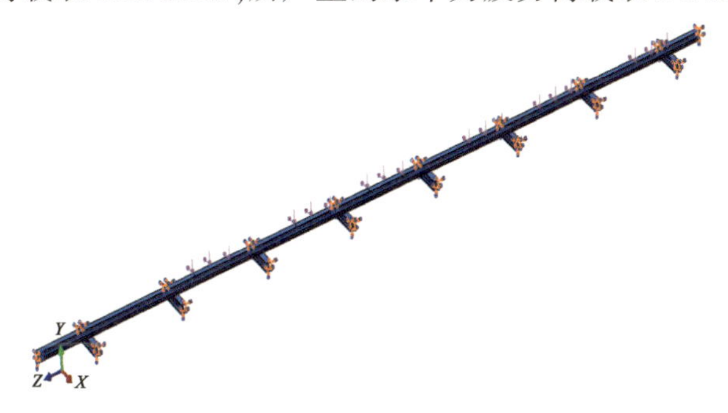

图 3-15　“王”字钢中梁有限元模型

表 3-3 列出横梁间距为 1.2m、1.5m、1.8m、2.0m 时疲劳加载工况下“王”字钢中梁最大应力和变形的计算值，横梁间距为 1.5m 时的应力云图如图 3-16 所示。

“王”字钢中梁载作用下最大应力值与变形值　　表 3-3

横梁间距(m)	1.2	1.5	1.8	2.0
最大应力(MPa)	141.5	169.8	199.7	230.4
变形值(mm)	0.91	1.91	2.31	2.61

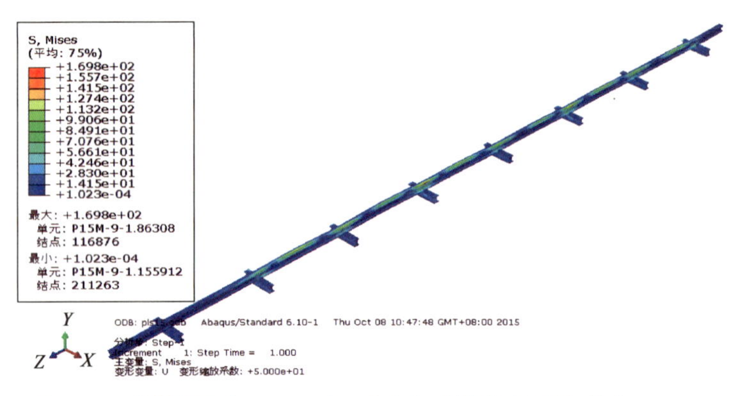

图 3-16　横梁间距为 1.5m 时“王”字钢中梁应力云图(单位:MPa)

根据计算结果，模数式伸缩装置采用的材料主要为 Q345(16Mn)，其强度允许值 295MPa 均大于“王”字钢中梁的最大应力，说明型钢的强度能满足伸缩装置的受力要求。在竖向荷载与水平荷载共同作用下，随着横梁支承间隔的增大，中梁钢的内力和位移均呈增大趋势。当支承间隔为 2.0m 时，加载对构件产生的影响最不利。在疲劳工况下，双向荷载作用时，“王”字钢中梁各个支承间隔由小到大依次对应的构件应力分别为 141.5MPa、169.8MPa、199.7MPa、230.4MPa。根据《钢结构设计标准》(GB 50017—2017)，这一类构件的容许应力幅为 176MPa，当支承横梁间距为 1.2m 和 1.5m 时中梁钢疲劳应力满足疲劳设计应力幅的要求，而当支承横梁间距为 1.8m 时中梁钢大于容许应力幅，当支承横梁间距为 2.0m 时构件疲劳应力将远远超出设计要求。因此，综合考虑伸缩装置的经济性，模数式伸缩装置在最不利疲劳工况下横梁支承间距不应大于 1.5m，其耗材适中，应力计算结果满足规范要求。

3.4.2 模数式伸缩装置主梁的试验测试

1) 试验依据

《公路桥涵设计通用规范》(JTG D60—2015)；

《公路桥涵承载能力检测评定规程》(JTG/T J21—2011)；

《公路桥梁荷载试验规程》(JTG/T J21-01—2015)；

《公路桥梁伸缩装置通用技术条件》(JT/T 327—2016)；

《低合金高强度结构钢》(GB/T 1591—2018)；

《公路桥梁伸缩装置设计指南》(JTQX-2011-12-1)。

2）技术标准

汽车荷载：公路—Ⅰ级；

安全等级：一级；

桥梁设计基准期：100 年；

抗震设防烈度：7 度；

伸缩装置中梁、横梁钢材等级：Q345B ~ E。

3）静载试验方案

（1）静载试验基本原则

①选择关键部位，体现结构受力特点。静载试验的主要测试内容为应变（应力）和挠度等反映承载力的指标。承载力体现了结构在最不利受力状态下各主要因素影响的综合反映值。因此，测试控制部位必须突出结构体系的受力特点，选择结构的关键部位，充分反映结构整体工作的协调性。

②测试内容反映结构承载力指标。承载力指标主要包括强度、刚度、稳定性、疲劳等。不同的结构体系，承载力测试指标的侧重点也有所不同。因此，在确定试验方案时，应通过试验前有限元分析选择测量单元的量程，并按荷载效应的主方向布置测量单元，使静载试验测试内容充分反映结构承载力指标。

③通过试验观察梁体屈曲、下挠、焊缝开裂等病害的发展情况，并查找原因。

④试验布载原则：确定静载试验的荷载布置方案前，应先将设计荷载按最不利方式进行布置，得出控制截面的最大效应值，然后反算试验荷载。二者之间的关系通过“静力试验荷载效率”来反映，静力试验荷载效率表达式为：

$$\eta = \frac{S_{\mathrm{stat}}}{S \cdot (1+\zeta)} \tag{3-1}$$

式中：S_{stat}——试验荷载作用下，检测部位变位或力的计算值；

S——设计标准活荷载作用下，检测部位变位或力的计算值（不计动力系数）；

ζ——动力系数。

基本荷载试验要求：$0.8 < \eta \leq 1.05$。

（2）静载试验加载装置

试验加载布置如图 3-17 所示。本次试验要考虑伸缩装置中梁支承间距对承载能力的影响，因此，图中 L 分别取 1500mm、1800mm 及 2000mm 共计三个参数，三种工况下其他构件截面尺寸及材性均保持不变，采用液压千斤顶在分配梁跨中位置处施加竖向荷载；采用 MTS 液压伺服加载系统在分配梁跨中位置处施加水平荷载，通过分配梁将施加的集中荷载等值分配到试验梁各跨跨中位置处。

（3）构件截面尺寸

静载试验中，伸缩装置中梁、支承梁、混凝土墩柱尺寸如图 3-18 所示。中梁 ZL1、横梁 ZCL 的钢材等级均为 Q345，柱墩及连梁的混凝土强度等级均采用 C50。

（4）试验测点布置

①挠度测点：静挠度采用精密水准仪测量支点沉降，采用百分表测量跨中竖向和水平挠

度，挠度测点纵向及横向布置如图 3-19 所示。

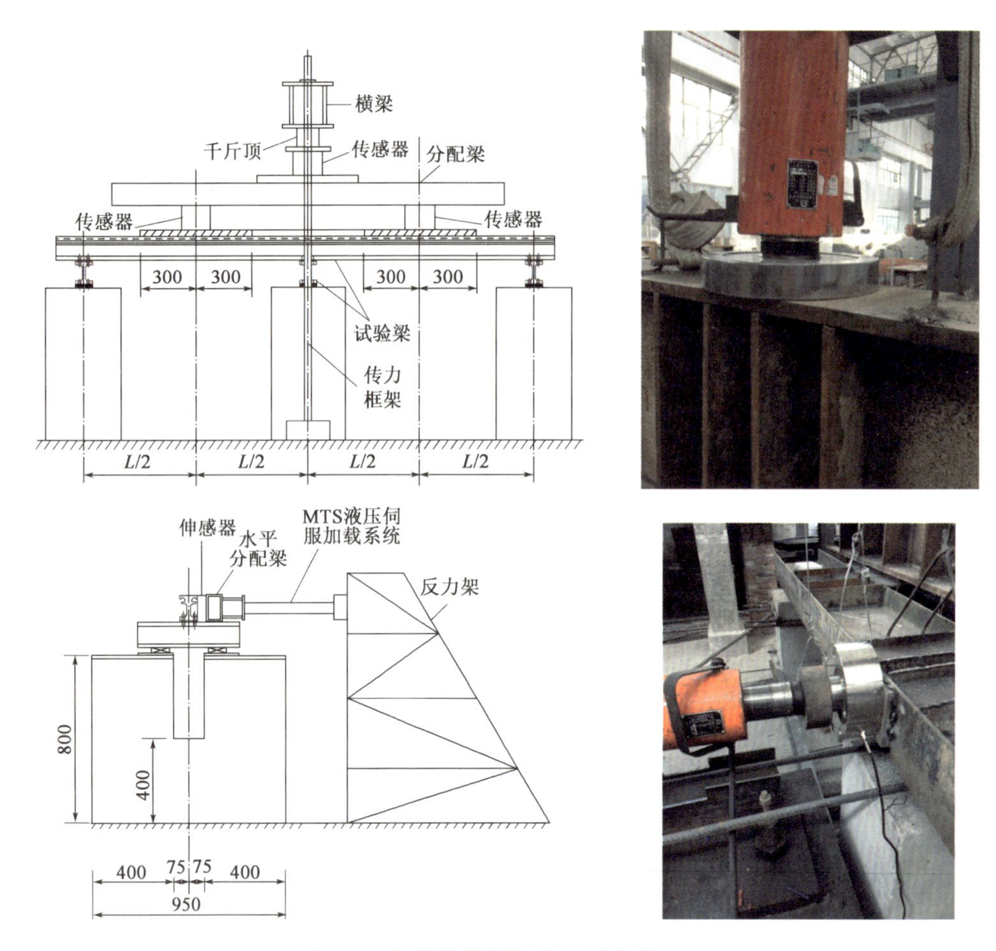

图 3-17 加载装置示意图（尺寸单位：mm）

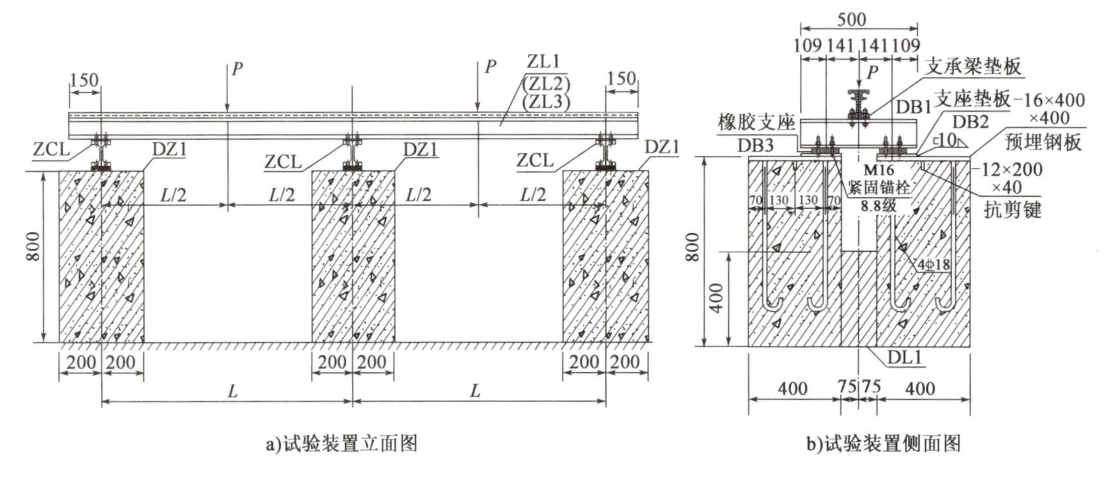

a)试验装置立面图

b)试验装置侧面图

图 3-18

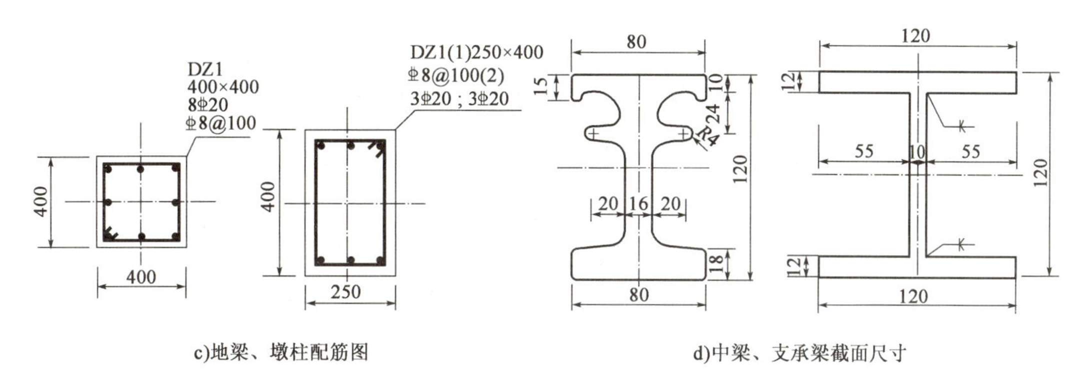

c)地梁、墩柱配筋图

d)中梁、支承梁截面尺寸

图 3-18 试件截面尺寸(尺寸单位:mm)

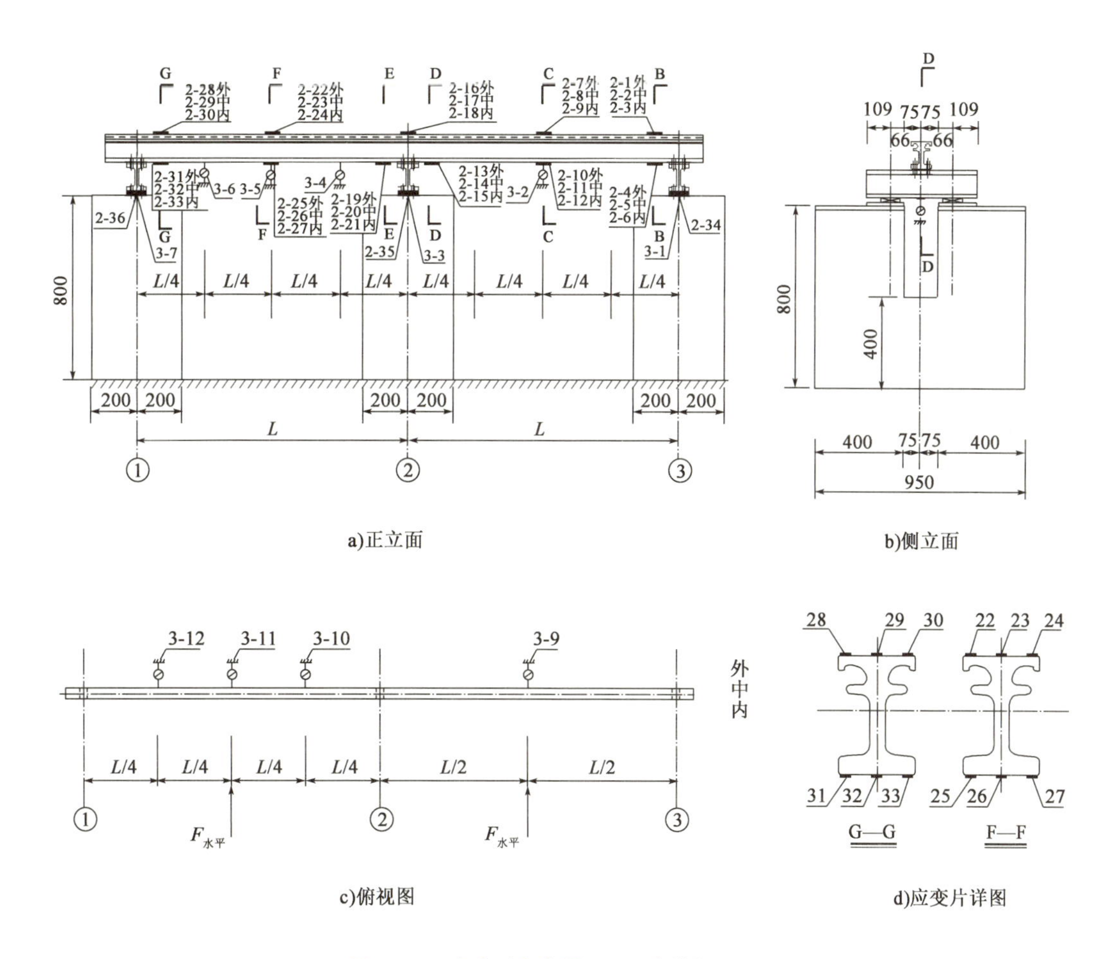

图 3-19 试验测点布置图(尺寸单位:mm)

②应变测点布置:应变采用单向应变片及应变仪进行测量,对于伸缩装置的中梁 ZL1 以及横梁 ZCL,其应变片主要布置在跨中截面及梁端截面的上下翼缘处。根据试验现场实际情况布置温度补偿测点,中梁 ZL1 及横梁 ZCL 的应变片布置如图 3-20 所示。

图 3-20 中梁 ZL1 及横梁 ZCL 应变片布置图

(5)试验加载与分级

为了消除结构的非弹性变形,并检查试验仪器仪表的工作状态和试验设备的可靠性,首先取标准荷载值的 40%(即 70×0.4=28kN)对试验梁进行预载,在确认试验条件和试验设备均满足既定的条件后,再进行逐级加载试验。

本次试验中每种规格的试件共计两套,分别用于极限承载能力试验和变形恢复能力试验。因此,加载试验分别按两种情况进行。首先,试验前通过有限元计算,得到极限承载能力试验的每级加载量,如表 3-4 ~ 表 3-6 所示。每级加载完成后,持续 5min 以确保位移稳定,随后记录该级荷载下的应变和挠度数值。记录完成后,再加载下一级荷载。当达到试验荷载的总加载量时,持续 30min 后记录应变和挠度数值,同时观察试验构件是否出现整体和局部破坏。然后进行卸载,卸载归零后,再经过 30min 记录残余变形。

模数式桥梁伸缩装置中梁极限承载能力试验加载分级表(1.5m) 表 3-4

加载等级	竖向加载量(kN)	水平加载量(kN)
预加载	28(56)	8.4(16.8)
第 1 级	20(40)	6(12)
第 2 级	40(80)	12(24)
第 3 级	60(120)	18(36)
第 4 级	80(160)	24(48)
第 5 级	100(200)	30(60)
第 6 级	120(240)	36(72)
第 7 级	140(280)	42(84)
第 8 级	160(320)	48(96)
第 9 级	180(360)	54(108)
第 10 级	200(400)	60(120)
第 11 级	220(440)	66(132)
第 12 级	240(480)	72(144)
第 13 级	250(500)	75(150)

注:千斤顶各级加载数值应取“( )”中的数值。

模数式桥梁伸缩装置中梁极限承载能力试验加载分级表(1.8m)　　表3-5

加载等级	竖向加载量(kN)	水平加载量(kN)
预加载	28(56)	8.4(16.8)
第1级	20(40)	6(12)
第2级	40(80)	12(24)
第3级	60(120)	18(36)
第4级	80(160)	24(48)
第5级	100(200)	30(60)
第6级	120(240)	36(72)
第7级	140(280)	42(84)
第8级	160(320)	48(96)
第9级	180(360)	54(108)
第10级	200(400)	60(120)
第11级	220(440)	66(132)

注:千斤顶各级加载数值应取“(　)”中的数值。

模数式桥梁伸缩装置中梁极限承载能力试验加载分级表(2.0m)　　表3-6

加载等级	竖向加载量(kN)	水平加载量(kN)
预加载	28(56)	8.4(16.8)
第1级	20(40)	6(12)
第2级	40(80)	12(24)
第3级	60(120)	18(36)
第4级	80(160)	24(48)
第5级	100(200)	30(60)
第6级	120(240)	36(72)
第7级	140(280)	42(84)
第8级	160(320)	48(96)
第9级	180(360)	54(108)
第10级	200(400)	60(120)

注:千斤顶各级加载数值应取“(　)”中的数值。

三种试件的变形恢复能力试验每级加载量如表3-7所示。试验过程中,每级加载完成后,持续5min以确保位移稳定,随后记录该级荷载下的应变和挠度数值。记录完成后,再加载下一级荷载。当达到试验荷载总加载量时,持续30min后记录应变和挠度数值,同时观察试验构件是否出现整体和局部破坏。然后进行卸载,卸载归零后,再经过30min记录残余变形。

模数式桥梁伸缩装置中梁变形恢复能力试验加载分级表　　表3-7

加载等级	竖向加载量(kN)	水平加载量(kN)
预加载	28(56)	8.4(16.8)
第1级	10(20)	3(6)
第2级	20(40)	6(12)
第3级	30(60)	9(18)

续上表

加载等级	竖向加载量(kN)	水平加载量(kN)
第4级	40(80)	12(24)
第5级	50(100)	15(30)
第6级	60(120)	18(36)
第7级	70(140)	21(42)

注:千斤顶各级加载数值应取“( )”中的数值。

(6)试验终止条件

试验过程中,当满足下列条件之一时,终止试验:

①某级荷载作用下,梁体出现整体或局部破坏;

②某级荷载作用下,混凝土柱墩被压碎或出现明显裂缝;

③达到试验荷载最大加载量。

(7)材性试验

分别对中梁、支承横梁取样,共2组,每组3个试样。依据《金属材料 拉伸试验 第1部分:室温试验方法标准》(GB/T 228.1—2010)、《钢及钢产品力学性能试验取样位置及试样制备》(GB/T 2975—2018)的有关规定进行材性试验,其结果见表3-8。

钢材性能　　表3-8

试件类型	F_y(MPa)	F_u(MPa)	伸长率Δ(%)	E_s(MPa)
中梁	418	546	25.7	2.08×10^5
横梁	399	537	25.8	2.11×10^5

4)试验设备与仪器

试验所采用的主要设备有1台笔记本计算机,2台TST3826F-L静态应变测试分析系统,4个CF0550-400拉线式位移计,6个YHD-100顶杆式位移计,252片BX120-20AA应变片,252片板基接线端子(5×7),1台100t千斤顶,1台50t千斤顶,2台手动式油泵,1台反力架,3个插板,1个盘线。

5)模数式桥梁伸缩装置2.0m跨主梁试验分析

(1)变形恢复能力试验

在竖向荷载与水平荷载共同作用下,随着荷载的增加,中梁内部的应力及位移均呈增大趋势且变化加剧。中梁发生的水平位移大于竖向位移,但位移变形不大,试验过程中中梁未发生明显的面外屈曲现象。试验过程中未发现连接钢板发生破坏,支座支承横梁的橡胶支座未发生裂缝等破坏现象。未观察到支座处混凝土柱墩被压碎或出现明显裂缝,钢梁螺栓未发生松动脱落、弯曲。

当竖向加载达到70kN、水平加载达到21kN后,持续30min,观察到最大应变位置出现在2-18测点,即中间支座对应“王”字钢上部内侧,其应变值为1516με。伸缩装置中梁发生的水平位移大于竖向位移,且最大挠度为跨中水平位移5.17mm、竖向位移3.25mm,试验构件未出现整体和局部破坏。然后进行卸载，卸载归零后，再经过30min，记录此点应变为20.19με，残余变形最大水平位移为1.45mm，竖向位移为0.51mm，表明此中梁具有较好的延性性能和变形恢复能力。

(2)极限承载能力试验

①试验现象描述

当支承间隔为2.0m时，加载对构件产生的不利影响最大。在竖向荷载与水平荷载共同作用下，随着支承间隔的增大，中梁内部的应力及位移均呈增大趋势且变化加剧。水平变形在跨中加载位置非常显著，竖向变形在中间支座处非常显著，试验过程中中梁发生明显的面外屈曲现象(图3-21)。

图3-21　2.0m跨极限承载能力试验最终加载状态

试验过程中未发现连接钢板发生破坏，但试验时中间支座支承横梁的橡胶支座发生裂缝，如图3-22所示。

图3-22　中间支座破坏情况

整个试验过程中未观察到支座处混凝土柱墩被压碎或出现明显裂缝，钢梁螺栓未发生松动脱落，但支承横梁螺栓发生弯曲。

当竖向加载量达到70kN、水平加载量达到21kN时，伸缩装置中梁发生的水平位移大于竖向位移，且中梁最大挠度为跨中水平位移5.17mm、竖向位移3.25mm。超过了《公路桥梁伸缩装置设计指南》(JTQX-2011-12-1)规定的中梁、边梁、波形板跨中最大挠度($L/600$)。

当竖向荷载达到81.8kN、水平荷载达到24.5kN时，中间支座处中梁上表面内侧(2-18测点)进入屈服状态;当竖向荷载达到104.9kN、水平荷载达到21.5kN时,中梁跨中位置处下表面外侧(2-10测点)进入屈服状态。此后,随着荷载值的增大,中梁开始进入塑性发展阶段。当竖向荷载达到119.3kN、水平荷载达到35.8kN时,中梁跨中位置处发生明显的面外屈曲现象,即中梁发生屈曲破坏。当荷载达到最终加载级时,中梁在中间支座处产生明显的竖向变形,跨中位置处的水平挠度达到32.66mm,竖向挠度达到12.48mm。在整个加载过程中,端部横梁及中间横梁均处于弹性工作阶段。

②挠度测试结果

2.0m跨极限承载能力试验竖向挠度测试结果如图3-23所示,图中1~7号挠度值依次对应3-1~3-7测点;水平挠度测试结果如图3-24所示,图中1~4号挠度值依次对应3-9~3-12测点。

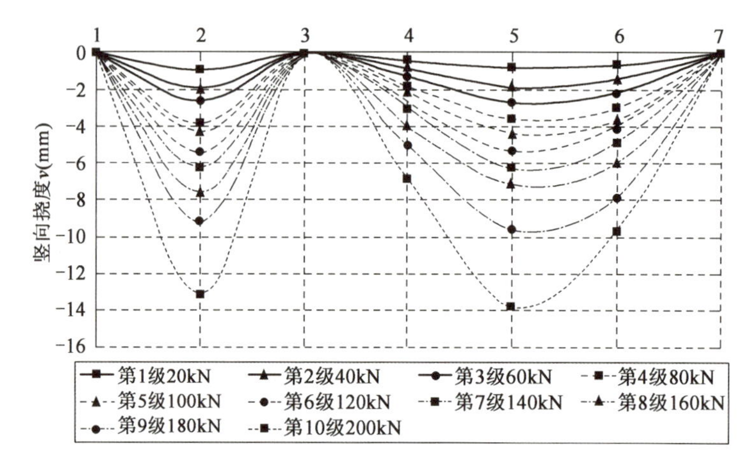

图3-23 2.0m跨极限承载能力试验竖向挠度测试结果

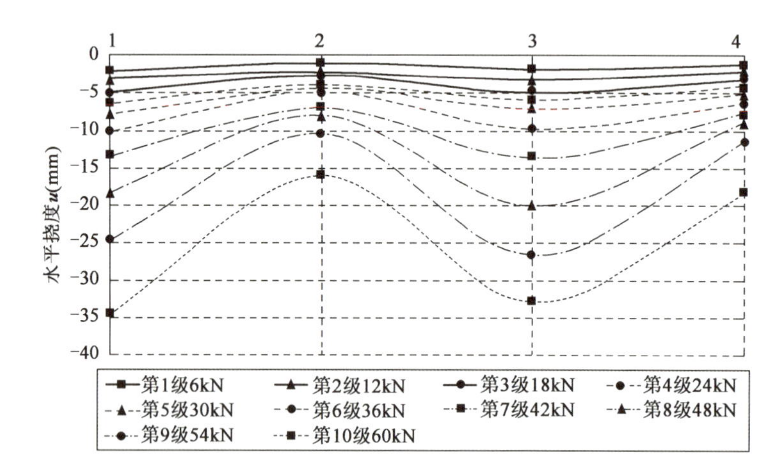

图3-24 2.0m跨极限承载能力试验水平挠度测试结果

③应力、应变测试结果

依据力学原理,本书只列出中梁跨中及中间支座处的应变测试结果,同时列出中间横梁的应变测试结果,如图3-25所示。图中负应变表示截面受压,正应变表示截面受拉。

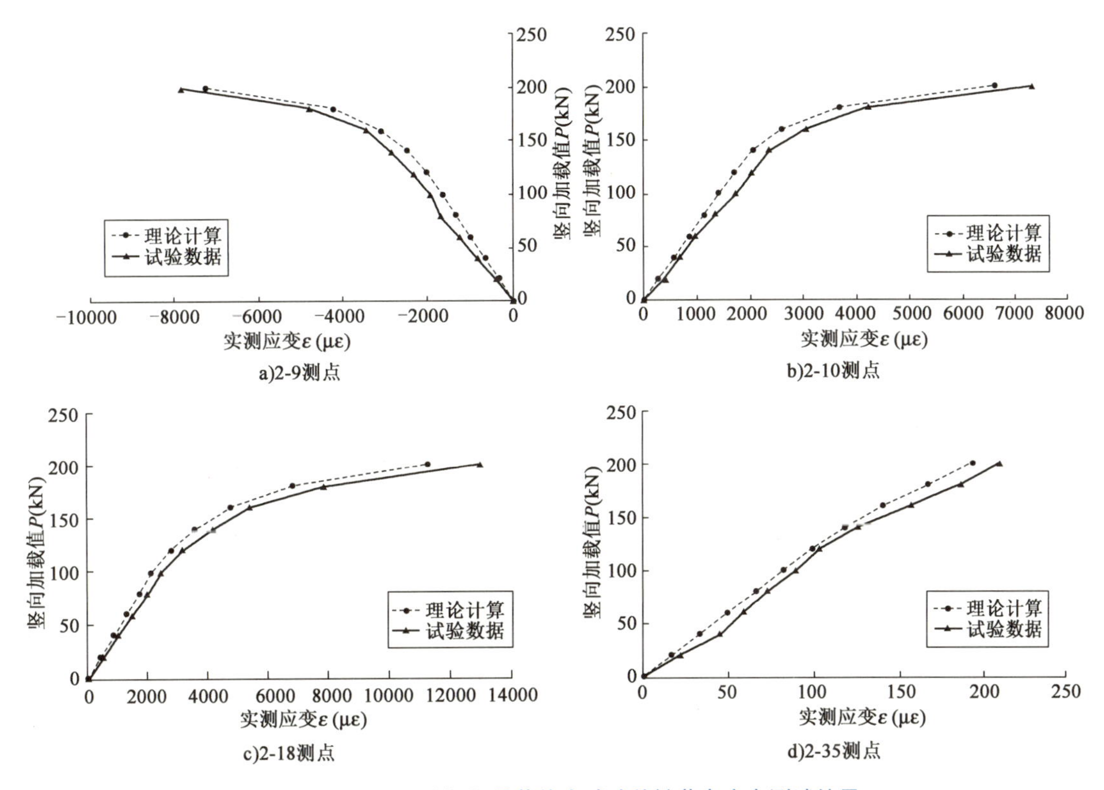

图3-25　2.0m 跨极限承载能力试验关键节点应变测试结果

6)模数式桥梁伸缩装置1.8m跨主梁试验分析

(1)变形恢复能力试验

当支承间隔为1.8m时,加载对构件产生的影响较2.0m时小。在竖向荷载与水平荷载共同作用下,随着荷载的增加,中梁内部的应力及位移均呈增大趋势且变化加剧。中梁发生的水平位移大于竖向位移,但位移变形不大,试验过程中中梁未发生明显的面外屈曲现象。试验过程中未发现连接钢板发生破坏,支座支承横梁的橡胶支座未发生裂缝等破坏现象。整个试验过程中未观察到支座处混凝土柱墩被压碎或出现明显裂缝,钢梁螺栓未发生松动脱落、弯曲。

当竖向加载达到70kN、水平加载达到21kN后,持续30min,观察到最大应变位置出现在2-18测点,即中间支座对应"王"字钢上部内侧,其应变值为1623με。伸缩装置中梁发生的水平位移大于竖向位移,且最大挠度为跨中水平位移2.91mm、竖向位移2.52mm,试验构件未出现整体和局部破坏(图3-26)。然后进行卸载,卸载归零后,再经过30min,记录此点应变为13.09με,残余变形最大水平位移为1.02mm,竖向位移为0.31mm,表明此中梁具有较好的延性性能和变形恢复能力。

(2)极限承载能力试验

①试验现象描述

当支承间隔为1.8m时,加载对构件产生的影响较2.0m时小。在竖向荷载与水平荷载共同作用下，随着支承间隔的增大，中梁内部的应力及位移均呈增大趋势且变化加剧。水平变形在跨中加载位置较显著，竖向变形在中间支座处较显著，试验过程中中梁发生一定程度的面外屈曲现象。试验过程中未发现连接钢板发生破坏，支承横梁的橡胶支座未发生裂缝等破坏现象。整个试验过程中未观察到支座处混凝土柱墩被压碎或出现明显裂缝，钢梁螺栓未发生松动脱落、弯曲。

图3-26　1.8m跨变形恢复能力试验最终加载状态

当竖向加载量达到70kN、水平加载量达到21kN时，伸缩装置中梁发生的水平位移大于竖向位移，且中梁最大挠度为跨中水平位移2.91mm、竖向位移2.52mm。水平和竖向挠度均未超过《公路桥梁伸缩装置设计指南》(JTQX-2011-12-1)规定的中梁、边梁、波形板跨中最大挠度(L/600)。

当竖向荷载达到93.5kN、水平荷载达到28.1kN时，中间支座处中梁上表面内侧(2-18测点)进入屈服状态；当竖向荷载达到117.3kN、水平荷载达到35.2kN时，中梁跨中位置处下表面外侧(2-10测点)进入屈服状态。此后，随着荷载值的增大，中梁开始进入塑性发展阶段。当竖向荷载达到137.3kN、水平荷载达到41.2kN时，中梁跨中位置处发生明显的面外屈曲现象，即中梁发生屈曲破坏。当荷载达到最终加载级别时，中梁在中间支座处产生明显的竖向变形，跨中位置处的水平挠度达到23.08mm，竖向挠度达到9.92mm(图3-27)。在整个加载过程中，端部横梁及中间横梁均处于弹性工作阶段。

图3-27　1.8m跨极限承载能力试验最终加载状态

②挠度测试结果

1.8m 跨极限承载能力试验竖向挠度测试结果如图 3-28 所示,图中 1 ~7 号挠度值依次对应 3-1 ~3-7 测点;水平挠度测试结果如图 3-29 所示,图中 1 ~4 号挠度值依次对应 3-9 ~3-12 测点。

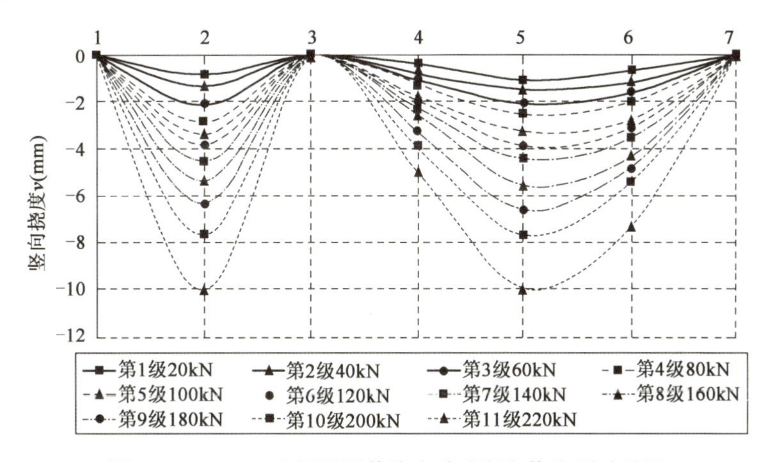

图 3-28　1.8m 跨极限承载能力试验竖向挠度测试结果

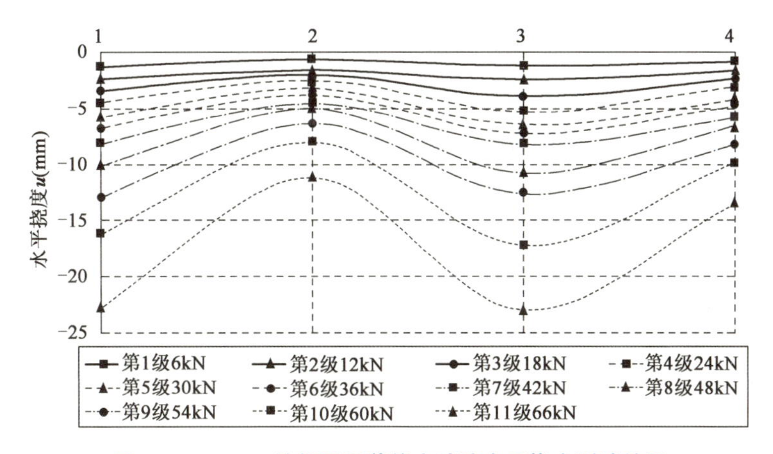

图 3-29　1.8m 跨极限承载能力试验水平挠度测试结果

③应力、应变测试结果

同前述 2.0m 跨试验,本书只列出中梁的跨中及中间支座处的应变测试结果,同时列出中间横梁的应变测试结果,如图 3-30 所示。图中负应变表示截面受压,正应变表示截面受拉。

7)模数式桥梁伸缩装置 1.5m 跨主梁试验

(1)变形恢复能力试验

当支承间隔为 1.5m 时,加载对构件产生的影响最小。在竖向荷载与水平荷载共同作用下,随着荷载的增加,中梁内部的应力及位移均呈增大趋势且变化加剧。中梁发生的水平位移大于竖向位移,但位移变形不大,试验过程中中梁未发生明显的面外屈曲现象。试验过程中未发现连接钢板发生破坏,支座支承横梁的橡胶支座未发生裂缝等破坏现象。整个试验过程中未观察到支座处混凝土柱墩被压碎或出现明显裂缝,钢梁螺栓未发生松动脱落、弯曲。

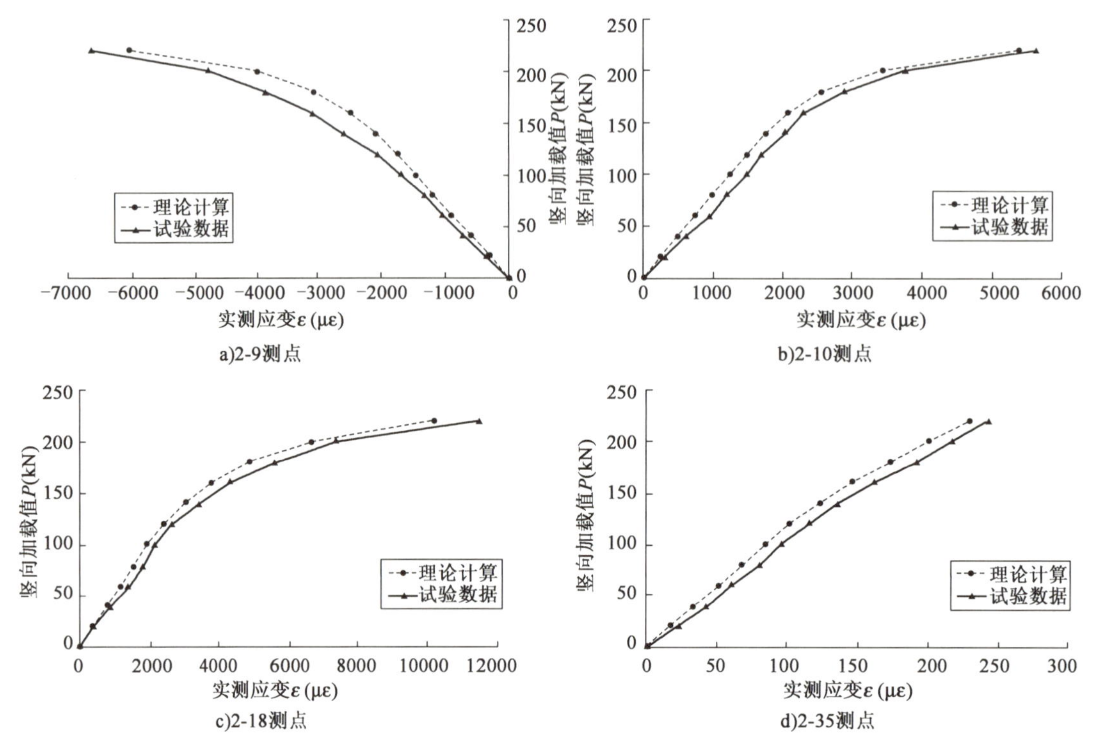

图 3-30 1.8m 跨极限承载能力试验关键节点应变测试结果

当竖向加载达到 70kN、水平加载达到 21kN 后，持续 30min，观察到最大应变位置出现在 2-18 测点，即中间支座对应“王”字钢上部内侧，其应变值为 1214με。伸缩装置中梁发生的水平位移大于竖向位移，且最大挠度为跨中水平位移 2.23mm、竖向位移 1.62mm，试验构件未出现整体和局部破坏（图 3-31）。然后进行卸载，卸载归零后，再经过 30min，记录此点应变为 8.27με，残余变形最大水平位移为 0.3mm，竖向位移为 0.25mm，表明此中梁具有较好的延性性能和变形恢复能力。

图 3-31 1.5m 跨变形恢复能力试验最终加载状态

(2)极限承载能力试验

①试验现象描述

当支承间隔为1.5m时,加载对构件产生的影响最小。当竖向荷载与水平荷载共同作用下,随着支承间隔的增大,中梁内部的应力及位移均呈增大趋势且变化加剧。水平变形在跨中加载位置较小,竖向变形在中间支座处较小,试验过程中中梁未发生明显面外屈曲现象。试验过程中未发现连接钢板发生破坏,支承横梁的橡胶支座未发生裂缝等破坏现象。整个试验过程中未观察到支座处混凝土柱墩被压碎或出现明显裂缝,钢梁螺栓未发生松动脱落、弯曲。

当竖向荷载达到114.4kN、水平荷载达到34.3kN时,中间支座处中梁上表面内侧(2-18测点)进入屈服状态;当竖向荷载达到167.3kN、水平荷载达到50.2kN时,中梁跨中位置处下表面外侧(2-10测点)进入屈服状态。此后,随着荷载值的增大,中梁开始进入塑性发展阶段。当竖向荷载达到195.3kN、水平荷载达到58.6kN时,中梁跨中位置处发生明显的面外屈曲现象,即中梁发生屈曲破坏。当荷载达到最终加载级别时,中梁在中间支座处产生明显的竖向变形,跨中位置处的水平挠度达到14.51mm,竖向挠度达到6.44mm(图3-32)。在整个加载过程中,端部横梁及中间横梁均处于弹性工作阶段。

图3-32 1.5m跨极限承载能力试验最终加载状态

②挠度测试结果

1.5m跨极限承载能力试验竖向挠度测试结果如图3-33所示,图中1~7号挠度值依次对应3-1~3-7测点;水平挠度测试结果如图3-34所示,图中1~4号挠度值依次对应3-9~3-12测点。

③应力、应变测试结果

同前述2.0m跨试验,本书只列出中梁的跨中及中间支座处的应变测试结果,同时列出中间横梁的应变测试结果,如图3-35所示。图中负应变表示截面受压,正应变表示截面受拉。

8)试验结果及分析

模数式伸缩装置中梁钢所用材料为Q345(16Mn),其强度允许值均大于计算值,说明中梁钢的基本强度能满足其受力要求。随着横梁支承间隔的增大,中梁钢的内力和位移均呈增大趋势。当支承间隔为 2.0m 时,加载对构件产生的不利影响最大。在竖向荷载与水平荷载共同作用下,随着支承间隔的增大,中梁钢内部的应力及位移变化加剧。

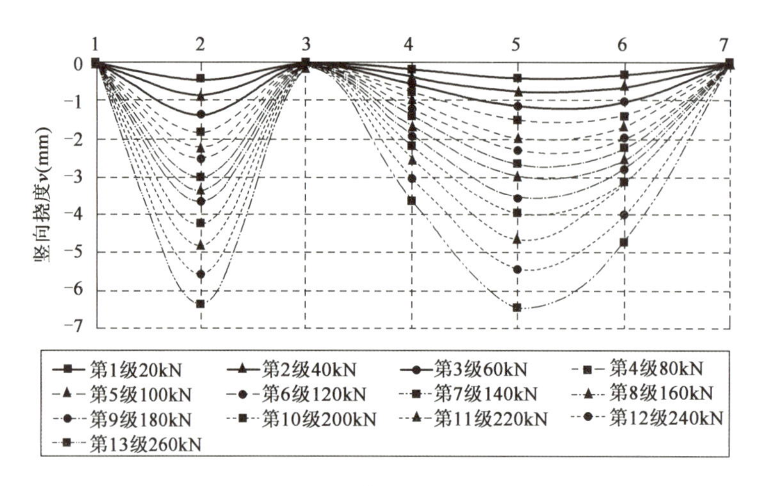

图 3-33 1.5m 跨极限承载能力试验竖向挠度测试结果

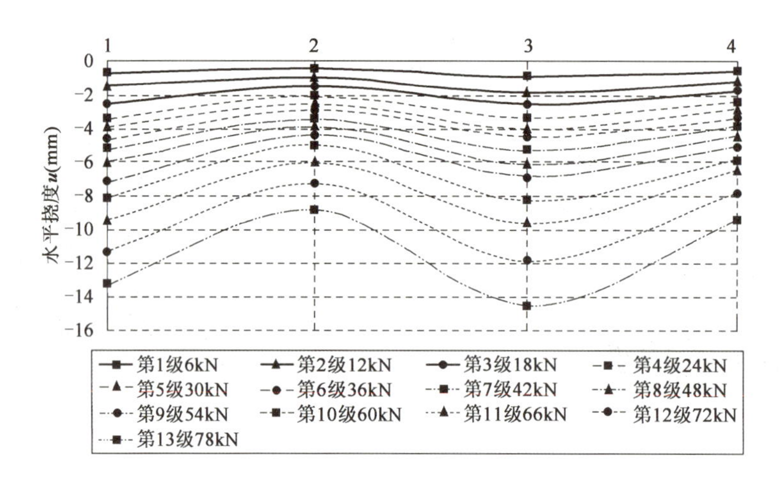

图 3-34 1.5m 跨极限承载能力试验水平挠度测试结果

当竖向加载量为 70kN、水平加载量为 21kN 时,伸缩装置中梁发生的水平位移大于竖向位移,且支承间隔为 2.0m 时的中梁位移超过了《公路桥梁伸缩装置设计指南》(JTQX-2011-12-1)规定的中梁、边梁、波形板跨中最大挠度($L/600$)。具体数据为:当支承间隔为 1.5m 时,最大挠度为跨中水平位移 2.23mm,竖向位移 1.62mm;当支承间隔为 1.8m 时,最大挠度为跨中水平位移 2.91mm,竖向位移 2.52mm;当支承间隔为 2.0m 时,最大挠度为跨中水平位移 5.17mm,竖向位移 3.25mm。

按照表 3-8 中材性试验所得数据可知,中梁达到屈服时应变应为 2010$\mu\varepsilon$,支承横梁达到屈服时应变应为 1891$\mu\varepsilon$。在极限承载能力试验中,支承横梁间距为 2.0m,当竖向荷载值达到 81.8kN、水平荷载值达到 24.5kN 时,应变达到 2011.29$\mu\varepsilon$,中梁开始进入屈服状态;支承横梁间距为1.8m，当竖向荷载值达到93.5kN、水平荷载值达到28.1kN时，应变达到2013.47με，中梁开始进入屈服状态；支承横梁间距为1.5m，当竖向荷载值达到114.4kN、水平荷载值达到34.3kN时，应变达到2018.53με，中梁开始进入屈服状态。由于本次试验为单点加载，考虑在轴重双向疲劳荷载（即竖向力荷载值192.58kN、水平力荷载值64.19kN）作用工况下，横梁支承间距不应大于1.5m，中梁未发生屈服，这也与3.4.1中的计算结果相吻合。

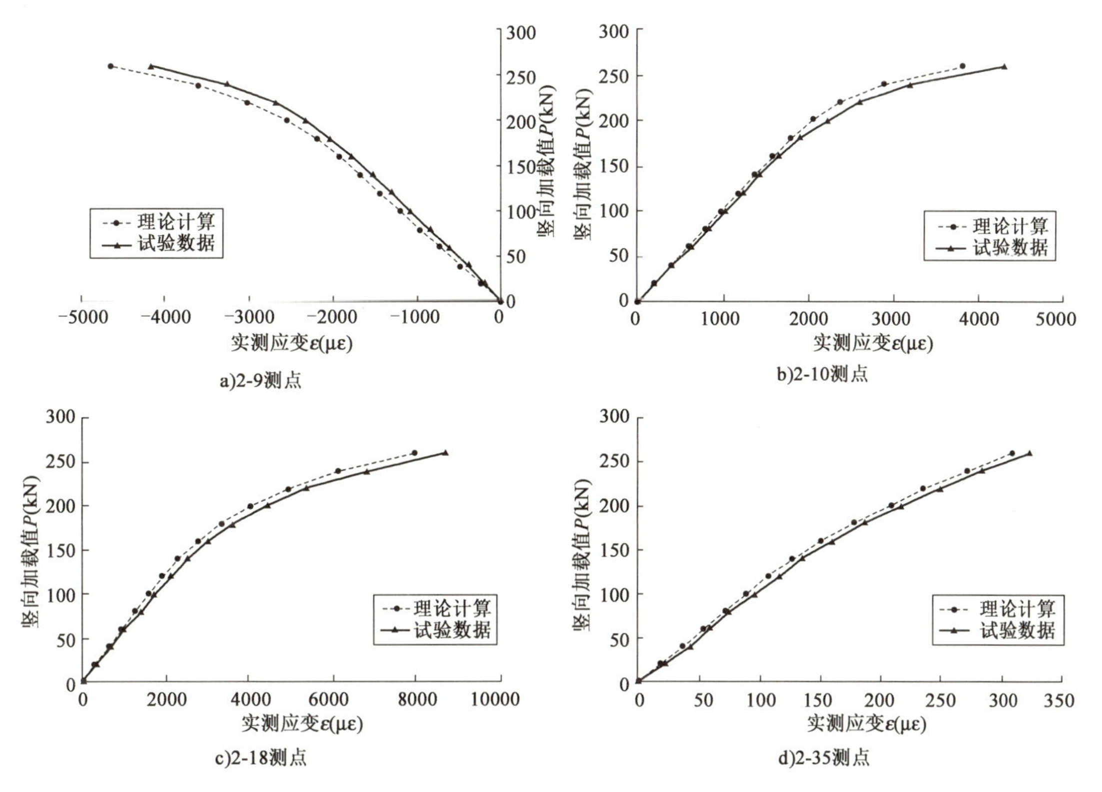

图3-35　1.5m跨极限承载能力试验关键节点应变测试结果

模数式伸缩装置的支承横梁底部通过焊接连接钢板，锚固钢筋通过焊接连接钢板起到固定异型钢边梁的作用。横向钢筋穿过锚固钢筋与预埋钢筋，锚固钢筋与混凝土内预埋钢筋焊接连接。在理想施工条件下，支承横梁底部与连接钢板可以简化为绑定约束，锚固钢筋和预埋钢筋形成一个刚性整体，内嵌于混凝土中共同作用。试验过程中，未发现连接钢板发生破坏，但支承横梁间距为2.0m的极限承载能力试验中，中间支座支承横梁的橡胶支座发生裂缝。

在整个试验过程中，未观察到支座处混凝土柱墩被压碎或出现明显裂缝，钢梁螺栓未发生松动脱落，但在支承横梁间距为2.0m的极限承载能力试验中，支承横梁螺栓发生弯曲。当支承横梁间距为1.8m、2.0m时，中梁的极限承载能力小于设计荷载，当支承横梁间距为1.5m时，中梁的极限承载能力大于设计荷载。试验结果也表明，中梁的支承横梁间距不应大于1.5m。

3.5 模数式伸缩装置耐久性提升建议

3.5.1 主梁的截面选型

1) 边梁截面选型

根据调研,模数式伸缩装置边梁型钢材料常用 Q345(16Mn),模数式伸缩装置不同形式边梁的受力计算结果表明,几种边梁的基本强度能满足伸缩装置的受力要求,E 型钢边梁可满足疲劳强度设计要求,而 F 型钢边梁的受力远大于疲劳应力的控制容许应力幅,Z 型钢边梁也有些许超标,C 型钢边梁一般用于浅埋式伸缩装置,主要用于采用单缝式伸缩缝的预制桥梁。

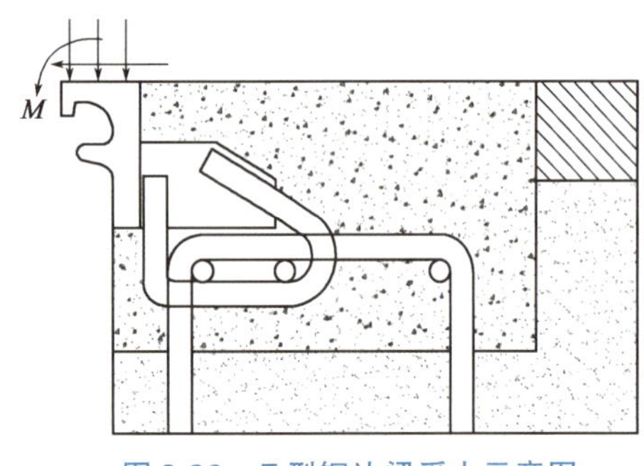

图 3-36 F 型钢边梁受力示意图

F 型钢边梁因底部支承面狭窄(图 3-36),存在着较大的前倾弯矩,这是造成其应力较大的原因。因此,模数式伸缩装置边梁选型时宜选用 E 型钢或 Z 型钢,不宜选择 F 型钢。

2) 中梁截面选型

根据既有不同支承横梁间距下"王"字钢中梁的受力计算结果,横梁间距为 1.5m 时疲劳荷载作用下应力为 169.8MPa,横梁间距为 1.8m 时应力达 199.7MPa,大于疲劳荷载容许应力幅 176MPa。目前模数式伸缩装置支承横梁间距一般在 1200 ~ 1800mm 之间。但根据对现有公路桥梁伸缩装置病害的调研发现,模数式伸缩装置边、中梁发生断裂的情况很多,存在支承横梁间距过大导致中、边梁产生过大应力的情况。通过调整边、中梁跨径和悬臂长度取值,改善其受力条件,可以降低发生断裂的风险。结合研究成果,建议高速公路及重载交通公路桥梁的伸缩装置支承横梁的设置间距小于 1350mm,模数式伸缩装置的支承横梁间距不应大于 1.5m。伸缩装置异型钢边梁和中梁长度方向末端与最近横梁的距离(不包括翘起部分)宜不大于 600mm。

当然,如果横梁间距不变,可通过对既有"王"字钢截面尺寸进行调整,增加截面腹板和翼缘的厚度,增大截面的整体刚度,调整后的截面形式如图 3-37 所示。

在疲劳荷载作用下,大"王"字钢中梁不同支承横梁间距下的计算结果见表 3-9。

大"王"字钢中梁疲劳荷载作用下的计算结果 表 3-9

横梁间距(m)	1.2	1.5	1.8	2.0
最大应力(MPa)	117.0	138.8	163.3	186.4
变形值(mm)	0.87	1.68	1.77	2.16

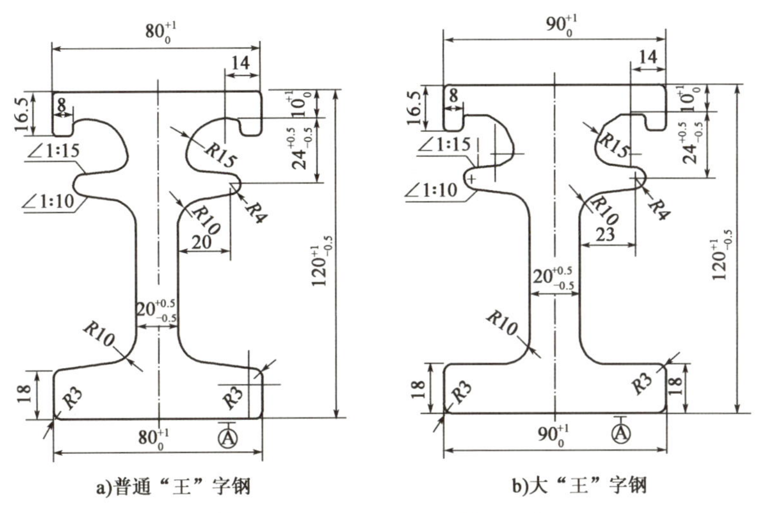

图 3-37 “王”字钢中梁截面形式

根据计算结果，横梁间距为 1.5m 时疲劳荷载作用下大“王”字钢中梁的应力为 138.8MPa，横梁间距为 1.8m 时应力达 163.3MPa，可满足设计要求。但当支承横梁间距为 2.0m 时，中梁应力达 186.4MPa，已大于容许应力值。可见，对于大“王”字钢中梁，支承横梁的间距不应大于 1.8m。改用大“王”字钢中梁后，伸缩装置的刚度得到明显提高，受力性能也得到改善，其支承横梁的间距要求也可适当放宽。

3.5.2 锚固系统设计

可对锚固系统构造设计进行改进，如图 3-38 所示。为确保锚固连接件与型钢、槽口预埋钢筋连接的可靠性，同时增加截面顺桥向的抗弯性能，将原来的固定环式锚固改成可调式钢板锚固，通过移动可调式钢板与锚固钢筋焊接实现锚固。

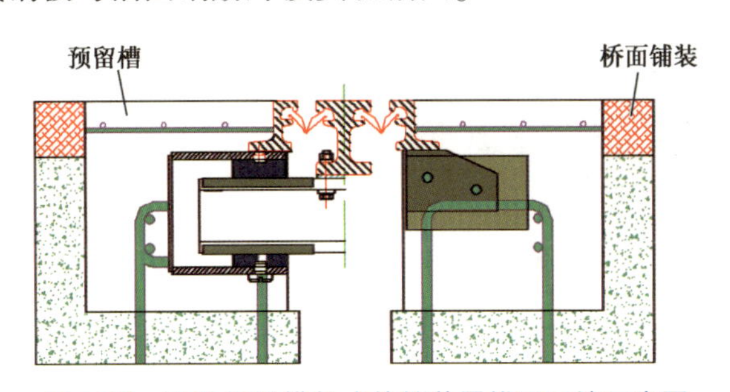

图 3-38 改进桥梁模数式伸缩装置锚固系统示意图

桥梁模数式伸缩装置锚固系统改进后具体如下：通过在模数式伸缩装置边梁设置固定连接钢板和可调式活动钢板，可调式活动钢板通过两根横向圆钢与固定连接钢板实现荷载传递，可调式活动钢板可沿着横向圆钢在横向自由移动，通过调节活动钢板位置与预埋钢筋进行焊接，保证了模数式伸缩装置可靠锚固。同时，支承箱或位移箱还通过箱体两侧的 U 形锚固钢筋、横穿钢筋、预埋钢筋与梁体实现锚固。新型锚固形式在施工安装便捷的同时提高了伸缩装置的锚固性能。

3.5.3 位移系统选择

下面主要从原理、适用性方面对模数式伸缩装置几种位移控制方式进行分析对比，为模数式伸缩装置位移控制部件的选择提供参考。模数式伸缩装置的位移控制方式可分为压缩弹簧控制式、剪切弹簧控制式、铰链控制式以及旋转梁式控制式。一般情况下，格梁模数式伸缩装置的位移控制方式采用压缩弹簧控制室，直梁模数式伸缩装置的位移控制方式采用剪切弹簧控制或铰链控制，斜梁模数式伸缩装置则采用旋转梁式控制。然而，格梁模数式伸缩装置在位移量增加时，支承梁数量大量增加，位移控制弹簧也随之增加，同时支承箱体积变大，这对于较大位移量的伸缩装置是不合理的。斜梁模数式伸缩装置采用旋转梁式位移控制方式，对加工组装精度的要求高，必须严格控制元件尺寸，才能实现位移控制。对于采用铰链控制式的直梁模数式伸缩装置，其位移联动机构对变位的要求严格，对安装的要求较高，一旦发生锈蚀、安装存在初始变位或者后期主梁微小变形，均会造成伸缩装置纵向变位锁死，影响位移控制效果。对于采用剪切弹簧控制式的直梁模数式伸缩装置，当汽车冲击荷载作用于伸缩装置时，由于剪切弹簧本身具有剪切刚度，能将荷载传递给相邻的型钢并使其发生均匀变位，由于支承系统和位移控制系统相对独立且互不干扰，采用单根支承梁承重减少了支承梁的数量，尤其适用于有较大位移量要求的模数式伸缩装置。

通过对模数式伸缩装置几种常用位移控制部件的对比，对于多缝且有大位移需求的伸缩装置，为确保伸缩装置伸缩自如，应采用具有适应变位的弹性机构。因此，建议在新产品设计中采用剪切位移弹簧控制方式（图 3-39）。

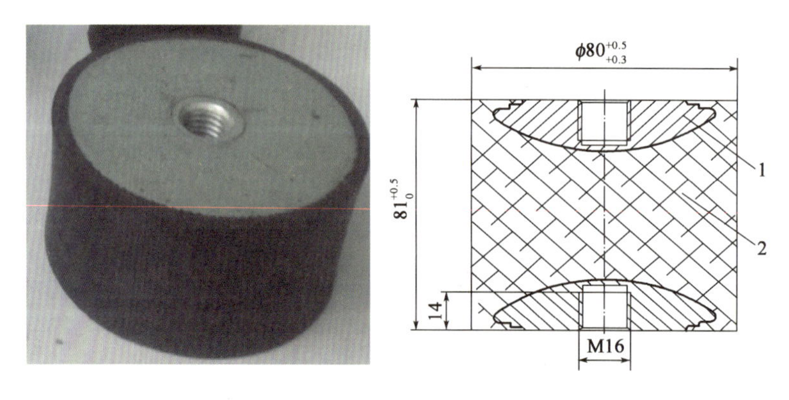

图 3-39 聚氨酯剪切位移弹簧

第4章
CHAPTER 4

钢梳齿板伸缩装置耐久性提升研究

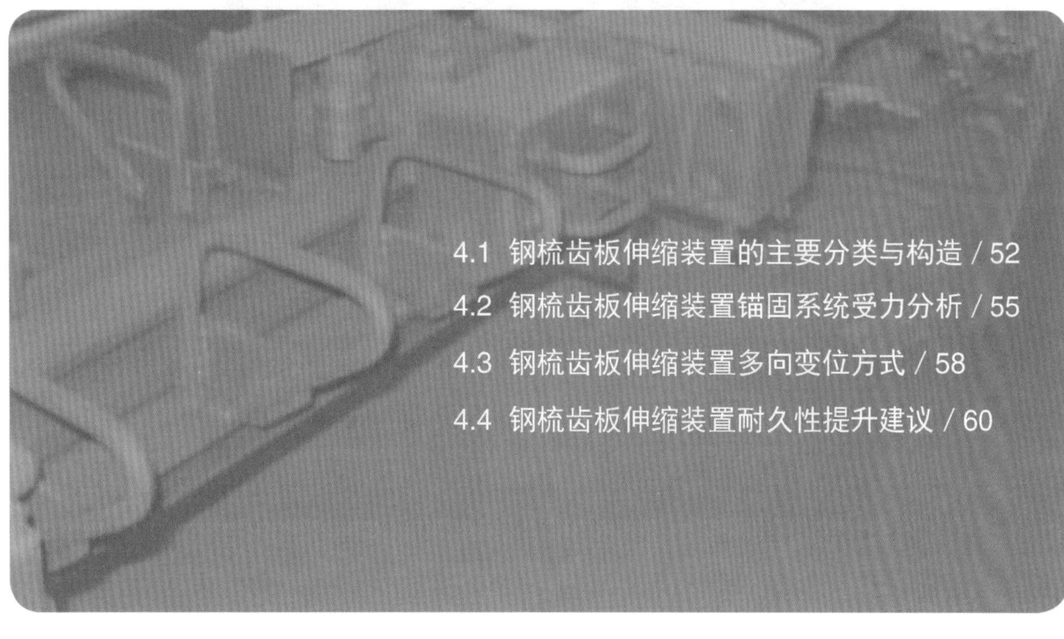

4.1 钢梳齿板伸缩装置的主要分类与构造 / 52
4.2 钢梳齿板伸缩装置锚固系统受力分析 / 55
4.3 钢梳齿板伸缩装置多向变位方式 / 58
4.4 钢梳齿板伸缩装置耐久性提升建议 / 60

4.1 钢梳齿板伸缩装置的主要分类与构造

钢梳齿板伸缩装置的种类繁多,已有文献已经对钢梳齿板伸缩装置的定义进行了描述:对于面层板成齿形,从左右伸出桥面板间隙处相互啮合的悬臂式构造,或者面层板成悬架的支承式的构造,统称为钢梳齿板伸缩装置。实际上,结合目前高速公路桥梁钢梳齿板伸缩装置的应用情况,可根据钢梳齿板型伸缩装置是否具有多向变位功能进行分类,分为普通钢梳齿板伸缩装置和具有多向变位功能的钢梳齿板伸缩装置,这里普通钢梳齿板伸缩装置是指不具备多向变位功能的钢梳齿板伸缩装置。

4.1.1 普通钢梳齿板伸缩装置

普通钢梳齿板伸缩装置与梁体的锚固方式主要有埋置螺栓锚固、焊接锚固环钢筋锚固、预应力螺杆锚固等。其中,埋置螺栓锚固一般采用 L 形锚固螺栓,锚固螺栓与梁体预埋钢筋焊接连接,再拧紧螺栓螺母,结构组成如图 4-1a)所示;焊接锚固环钢筋与模数式伸缩装置基本相同,在梳齿板下方设置锚板和锚筋,也是通过与梁体预埋钢筋进行连接,结构组成如图 4-1b)所示;国外部分伸缩装置采用预应力螺杆锚固方式,主要是通过拧紧锚固螺杆得到预应力,其防尘和防水通过放在梳齿下的橡胶伸缩体完成,结构组成如图 4-1c)所示。

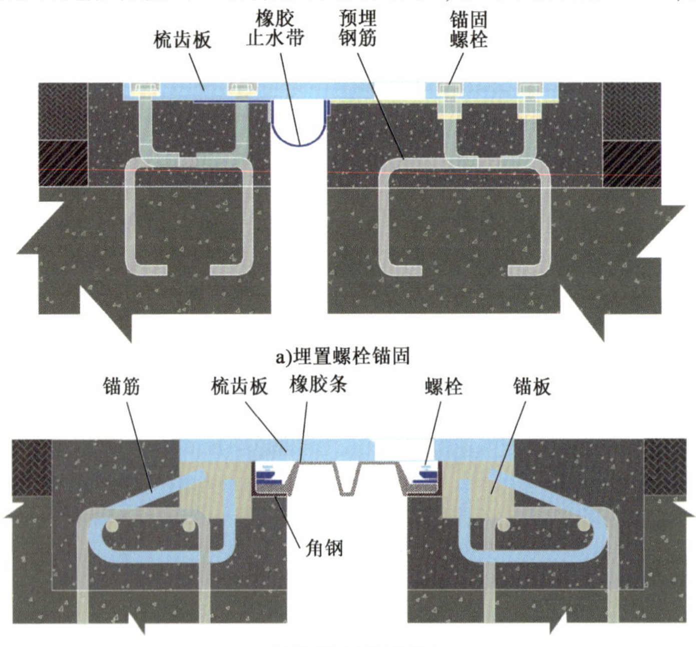

图 4-1

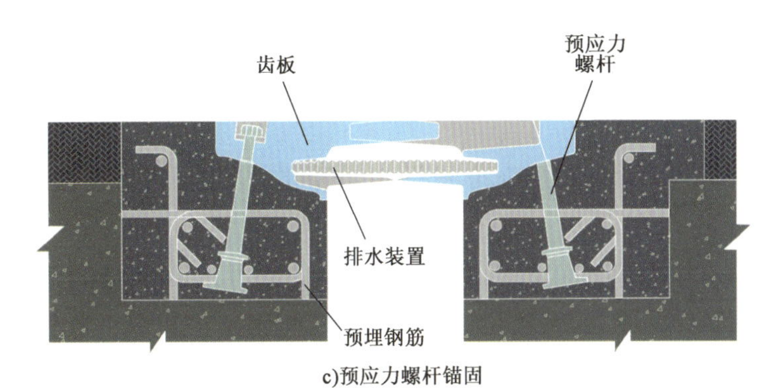

c)预应力螺杆锚固

图 4-1　普通梳齿板伸缩装置锚固方式

普通钢梳齿板伸缩装置排水构造最常见的做法是在齿板下方设置 U 形止水带，桥面积水在伸缩缝处流入 U 形止水带(图 4-2)，水流通过止水带两侧排至桥外。

图 4-2　普通钢梳齿板伸缩装置排水方式

总体来说，普通钢梳齿板式桥梁伸缩装置是通过梳齿相互交错移动满足桥梁纵向伸缩要求，并提供车辆通行的承载面，该类伸缩装置直接在梁板端部用膨胀螺栓锚固，或者用种植螺栓方式将梳齿板和梁板固定，通过梳齿顺桥向方向预留的间隙满足梁体自由伸缩的需要，但无转角功能，不能适应荷载作用下的绕横桥向转动的变位性能。普通钢梳齿板伸缩装置通常用于伸缩量较小的桥梁结构中。

4.1.2　多向变位钢梳齿板伸缩装置

近年来，具有多向变位功能的钢制梳齿型大伸缩量桥梁伸缩装置在大跨径悬索桥、斜拉桥等桥梁中得到了广泛应用。为实现梳齿板伸缩装置的竖向、横向及扭转变位等空间多向变位，多向变位钢梳齿板伸缩装置在普通钢梳齿板伸缩装置基础上进行了一定的改进，基本做法是在活动钢制梳齿板的前端或者根部设置可相对转动的连接机构，在固定梳齿板的末端设置固定螺栓。

目前多向变位伸缩装置通常采用单元式结构，每 1m 为一个单元，安装和更换十分便捷，主要由支承系统、防水系统、多向变位装置、锚固系统组成。支承位移系统主要包括活动梳齿板和固定梳齿板，梳齿板下方设置有不锈钢板；活动梳齿板的端部下方横向设置有多向变位装置，多向变位装置是伸缩装置的核心部件，可随梁体作多向转动，满足桥梁三维变形的需要。

多向变位钢梳齿板伸缩装置按跨越梁端缝隙的不同方式还可以分为跨缝式和骑缝式。

跨缝式伸缩装置是指梳齿板跨越梁端缝隙，梳齿部分设置在另一侧梁体的桥面之上（图4-3）；这种装置通常由若干组标准模块和特殊模块组成，每组模块由多向变位装置、跨缝活动梳齿板、固定梳齿板、导水装置、锚固装置等组成，伸缩梳齿完全位于伸缩缝一侧，通过轴转跨缝板直接跨越伸缩缝，一般适用于80～1000mm的伸缩量范围。

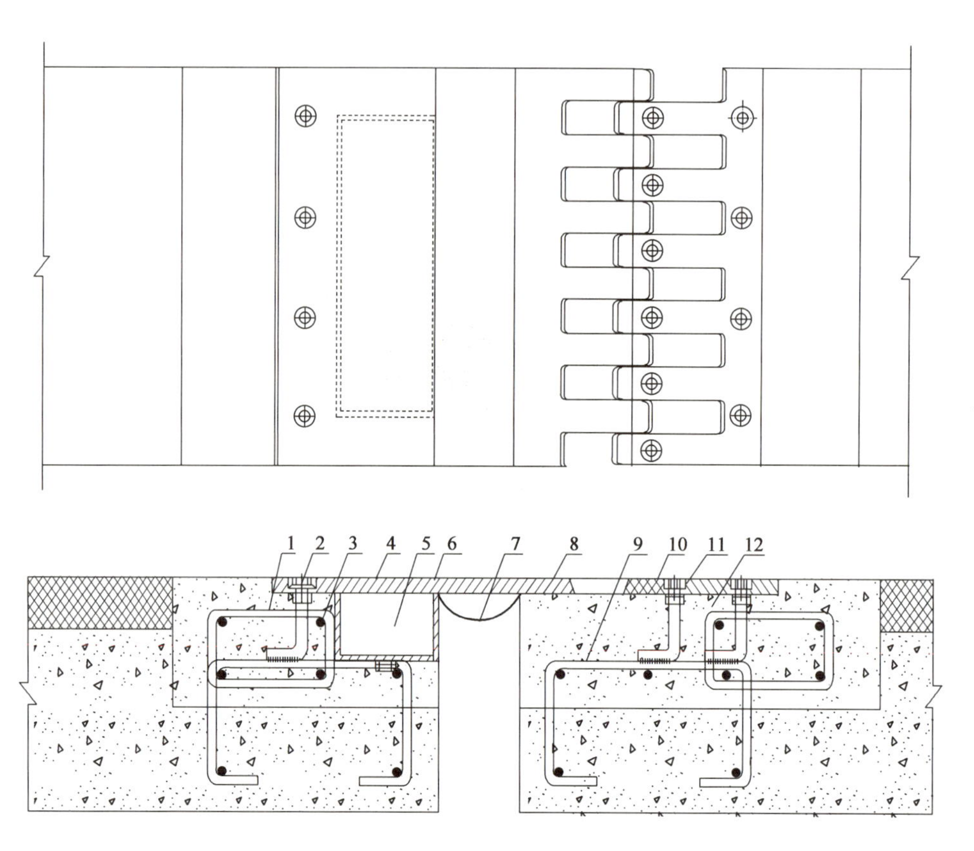

图4-3 MS Ⅰ型钢梳齿板伸缩装置（跨缝式）

1-箍筋；2-保险螺栓；3-通长钢筋；4-活动板组件；5-变位箱组件；6-橡胶垫；7-止水带；8-不锈钢板；9-预埋钢筋；10-不锈钢板；11-固定螺栓；12-纤维混凝土

骑缝式伸缩装置则是指梳齿板的梳齿搭接于梁端缝隙之间，如图4-4所示。这种装置由若干组标准模块和特殊模块组成，每组模块由支承托架、多向变位装置、活动梳齿板、固定梳齿板、导水装置、锚固装置等组成，活动梳齿板直接跨越伸缩缝（图4-4），可适用于1000～3000mm的伸缩量范围。

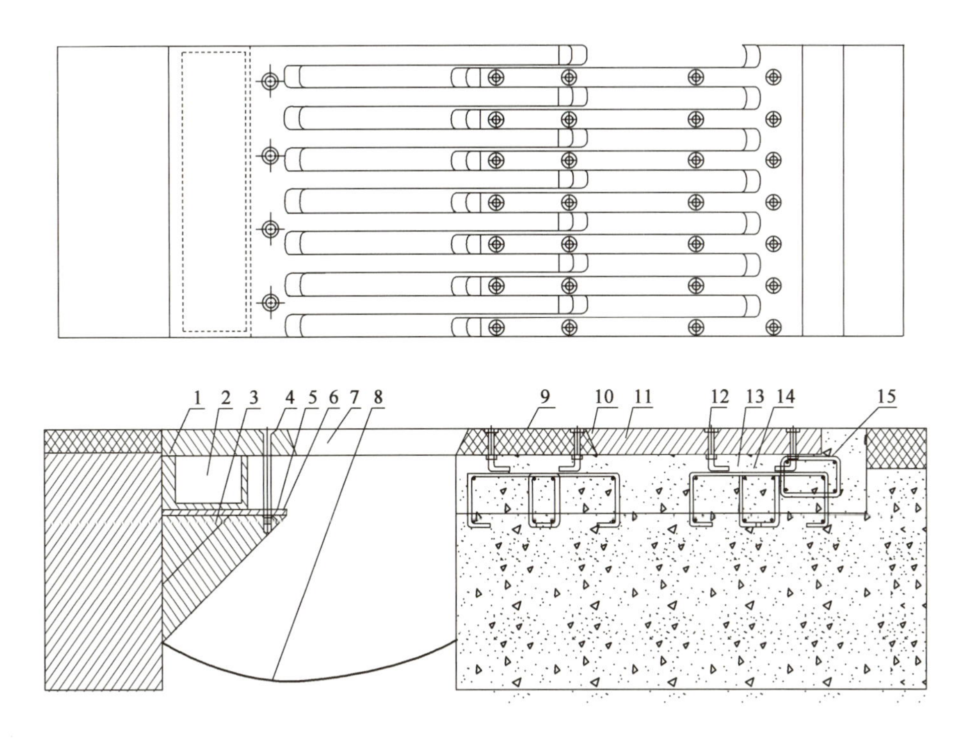

图 4-4　MSⅡ型钢梳齿板伸缩装置(骑缝式)

1-橡胶垫;2-变位箱组件;3-支撑牛腿(小);4-保险螺栓;5-支撑底板;6-支撑牛腿(大);7-活动板组件;8-止水带;9-固定板;10-不锈钢板;11-通长钢筋;12-固定螺栓;13-纤维混凝土;14-预埋钢筋;15-箍筋

4.2　钢梳齿板伸缩装置锚固系统受力分析

4.2.1　计算模型的建立

针对常用钢梳齿板伸缩装置构造及其锚固形式,建立了 3D 实体模型进行受力分析,重点考察在规范规定的荷载下螺栓的锚固应力状况。考虑计算单列车辆荷载作用对伸缩装置的受力状态,建立了 T 梁实体模型,沿纵桥向取梁长为 3m,横桥向取 3 片 T 梁,共宽 7.5m,梁高 2.5m;梳齿板的长度为 1m,宽度为 1m,齿板间有 2mm 的间隙,梳齿板与锚固螺栓合并为一体,模型见图 4-5。

考虑跨缝侧钢板在梁体上不同支承长度时对钢梳齿板伸缩装置锚固螺栓及其周边混凝土受力的影响,针对 80 型伸缩装置及 160 型伸缩装置分别建立了 3 种计算模型,具体的计算方案如表 4-1 所示。

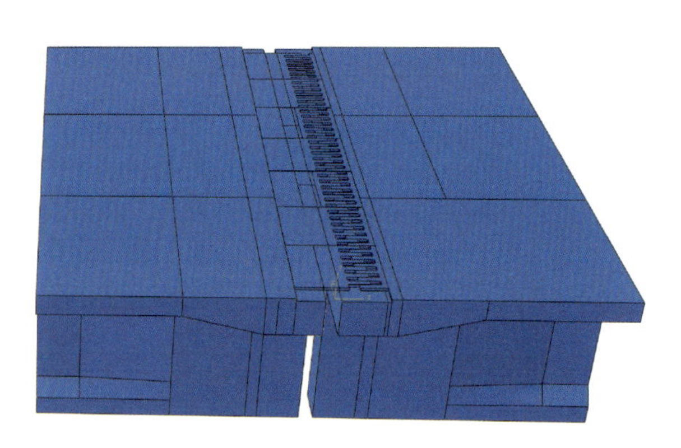

图 4-5 3D 实体模型图

钢梳齿板伸缩装置锚固系统受力计算工况表 表 4-1

编号	计算条件描述
方案 1	采用 80 型伸缩装置,跨缝侧钢板在梁体上支承长度为 30cm
方案 2	采用 80 型伸缩装置,跨缝侧钢板在梁体上支承长度为 40cm
方案 3	采用 80 型伸缩装置,跨缝侧钢板在梁体上支承长度为 50cm
方案 4	采用 160 型伸缩装置,跨缝侧钢板在梁体上支承长度为 30cm
方案 5	采用 160 型伸缩装置,跨缝侧钢板在梁体上支承长度为 40cm
方案 6	采用 160 型伸缩装置,跨缝侧钢板在梁体上支承长度为 50cm

依据《公路桥涵设计通用规范》(JTG D60—2015)中车辆荷载布置图施加车辆荷载,在梳齿板上施加车轮荷载,加载面为 20cm×60cm,轴距为 1.8m。根据《公路桥梁伸缩装置设计指南》(JTQX-2011-12-1)有关规定,采用规定的标准车辆疲劳荷载加载,取竖向荷载作用 192.58kN,水平荷载作用 64.19kN。

4.2.2 锚固系统受力分析结果

80 型伸缩装置及 160 型伸缩装置跨缝侧钢板在梁体上不同支承长度时锚固螺栓及附近混凝土应力计算结果如表 4-2 所示。以 80 型伸缩装置为例,列出了跨缝侧钢板在梁体上不同支承长度时伸缩缝槽口混凝土拉应力计算云图,如图 4-6 所示。

钢梳齿板伸缩装置锚固螺栓及附近混凝土应力计算结果 表 4-2

方案类型	锚固螺栓最大剪应力(MPa)	锚固螺栓最大拉应力(MPa)	前端螺栓附近混凝土最大拉应力(MPa)	后端螺栓附近混凝土最大拉应力(MPa)
方案 1(80 型、L_S=30cm)	27.0	119.2	1.06	2.27
方案 2(80 型、L_S=40cm)	19.4	111.5	0.86	1.85
方案 3(80 型、L_S=50cm)	17.9	112.8	0.57	1.03
方案 4(160 型、L_S=30cm)	24.5	143.3	1.65	2.54
方案 5(160 型、L_S=40cm)	20.1	92.9	1.22	1.66
方案 6(160 型、L_S=50cm)	27.9	123.9	0.78	1.39

注:L_S 为跨缝侧钢板在梁体上的支承长度。

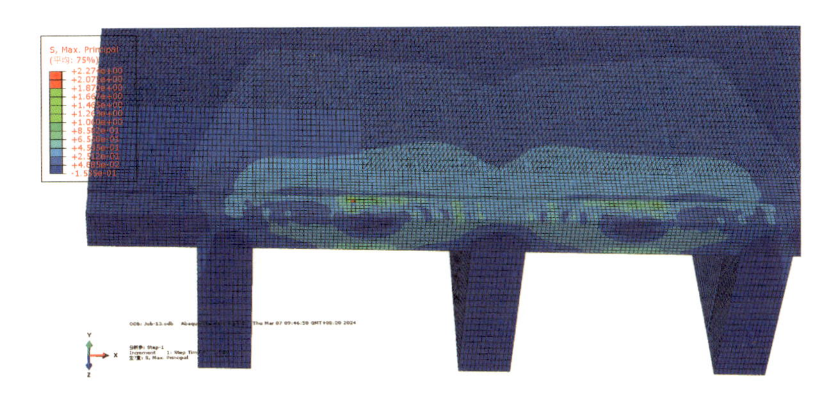

a)方案1(L_s=30cm)

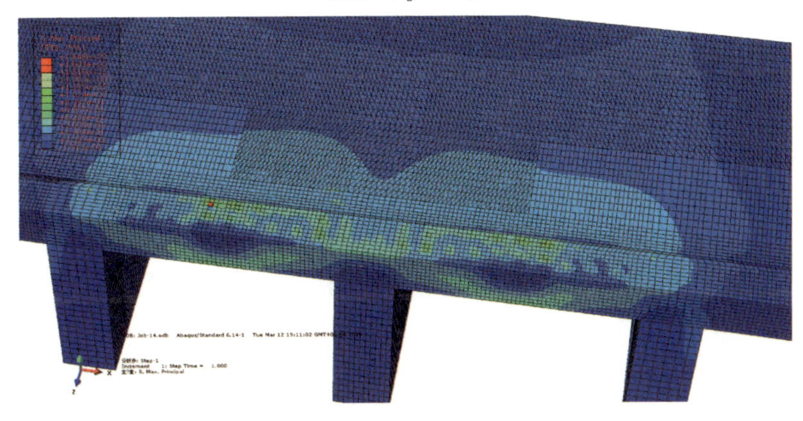

b)方案2(L_s=40cm)

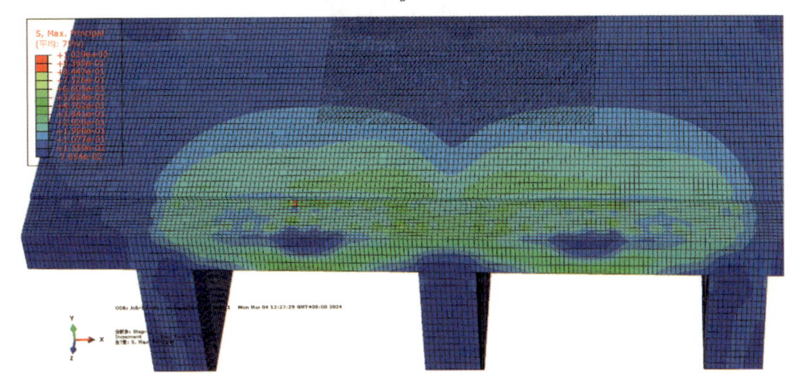

c)方案3(L_s=50cm)

图4-6　80型伸缩缝槽口混凝土拉应力云图

由图4-6可知,伸缩缝槽口混凝土拉应力在螺栓附近比较大,其中最大拉应力出现在后端螺栓附近,随着钢板支承长度的增加,整个伸缩缝槽口处混凝土的应力分布更为均匀,槽口混凝土的受力状态明显改善。当钢板支承长度为30cm时,混凝土最大拉应力为2.27MPa,已大于槽口处C50混凝土拉应力设计值,锚固螺栓附近混凝土容易发生破坏。当钢板支承长度为40cm时,混凝土最大拉应力为1.85MPa,接近槽口处C50混凝土强度设计值。当钢板支承长度为50cm时,混凝土最大拉应力为1.03MPa,小于槽口处C50混凝土拉应力设计值。基于上述计算结果,认为钢梳齿板伸缩装置的钢板在梁体上的支承长度应不小于40cm。

根据表4-2所得计算结果,可以看出锚固螺栓的最大拉应力比剪应力大,后端锚固螺栓所受的应力大于前端锚固螺栓,锚固螺栓最大拉应力达143.3MPa,而最大剪应力最大值为27.9MPa,这也合理解释了锚固螺栓剪断现象要少于锚固螺栓拔出现象。后端锚固螺栓存在较大的拉应力及螺栓附近混凝土出现较大拉应力,也可说明在车辆通过伸缩装置时引起后端钢板上翘使锚固螺栓出现较大上拔力,可考虑加强伸缩装置锚固螺栓进行防拔出设计,提高行车安全性。在施工过程中对后端锚固螺栓的施工质量应予以重点关注。

无论对于80型伸缩装置,还是160型伸缩装置,计算结果都表现出一致的规律:随着跨缝侧钢板在梁体上支承长度的增加,锚固螺栓附近混凝土所受的拉应力逐渐减小。因此,可以通过科学合理地设计伸缩装置两侧钢板的长度及锚固螺栓的位置,改善伸缩装置锚固螺栓及附近混凝土的受力状况,提高伸缩装置的耐久性。

4.3 钢梳齿板伸缩装置多向变位方式

随着高速公路建设的快速发展,新型多向变位钢梳齿板伸缩装置不断涌现,其形式各异,但总体看来,不同结构的多向变位钢梳齿板伸缩装置的组成大致相同,其支承系统、锚固系统及防水系统与普通钢梳齿板伸缩装置基本相同,最大的差别就在于采用了不同形式的多向变位系统,多向变位装置的可靠性也是该类伸缩装置实现其多向变位功能的关键。根据采用多向变位装置或变位方式的不同,将当前在我国经常使用的多向变位伸缩装置分为以下几类:转轴式多向变位方式、支座式多向变位方式和预应力式多向变位方式。

4.3.1 转轴式多向变位钢梳齿板伸缩装置

转轴式多向变位钢梳齿板伸缩装置的多向变位铰由变位块、转动变位铰(钢制转轴)、底盘等结构组成,多向变位铰是伸缩装置的核心部件,如图4-7所示。在梁体发生竖向变位引起梁端发生绕横桥向转角时,在一块梳齿板的下部增加一根满足竖向变位的转轴,当发生绕横桥向转角的时候满足其转动要求。宁波路宝科技实业集团有限公司开发的产品LB或RB系列多向变位钢梳齿板伸缩装置就是转轴式多向变位钢梳齿板伸缩装置。

转轴式多向变位钢梳齿板伸缩装置的转动轴在固定座内旋转,带动活动梳齿板围绕转轴旋转,实现活动梳齿板绕横桥向的转动,伸缩装置可实现较大的横桥向旋转角度,可适应伸缩装置较大的变位。

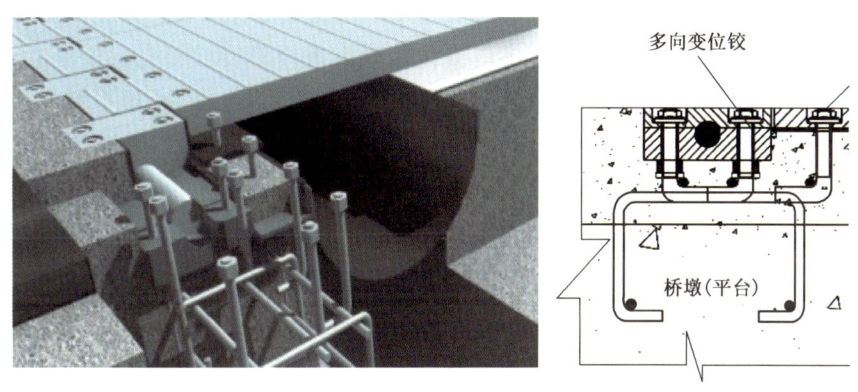

图 4-7 转轴式多向变位伸缩装置

4.3.2 支座式多向变位钢梳齿板伸缩装置

支座式多向变位钢梳齿板伸缩装置也是应用较为普遍的一种钢梳齿板伸缩装置,其多向变位装置的做法也有所不同,如西安中交万向科技股份有限公司开发研制的 MS 系列模块化多向变位钢梳齿板伸缩装置就采用了"球体系"变位理念。其多向变位主要由上下两个 U 形螺栓构件、碗形支座、型钢箱体及箱内安装的橡胶件组成,如图 4-8 所示。其上部 U 形锚栓与可移动的钢板相连,下部 U 形锚栓则与预制构件相连接,上下 U 形螺栓构件对拉连接。伸缩装置采用了变位箱体保护,装置活动板和梁体之间、上下球冠接触面之间均增加了缓冲弹性阻尼材料,竖向变位功能主要是通过变位箱内的球冠体扭转来实现,阻尼材料的使用不仅可以起到减缓震动的作用,还可保护装置本身。支座式多向变位钢梳齿板伸缩装置的活动梳齿板通过球形支座球形面转动实现绕横桥向的转动,其转动的幅度和范围由球形支座的参数决定。球形支座结构具有承载大、转角大、转动灵活的特点。因此,支座式多向变位钢梳齿板伸缩装置通常可以实现较大的位移量。

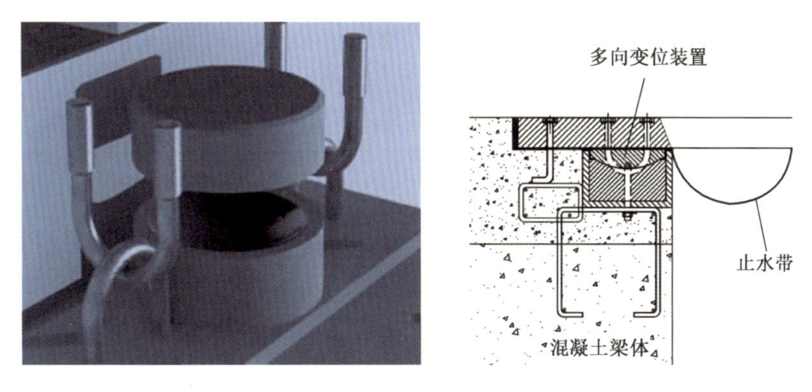

图 4-8 MS 系列伸缩装置多向变位装置

4.3.3 预应力式多向变位钢梳齿板伸缩装置

预应力式多向变位钢梳齿板伸缩装置主要由多向变位装置、梳齿板、防水系统、防磨不锈钢板、锚固螺栓等组成。贵州省交通规划勘察设计研究院股份有限公司开发的 ZSYGF 系列多向变位伸缩装置如图 4-9 所示，自适应多向变位的梳齿板伸缩装置将梳齿板变位与弹性阻尼变位相结合，由可以互相活动嵌合的固定梳齿板和活动梳齿板组成，通过在活动梳齿板根部设置一个锚固于主梁上能适应多个方向的弹性阻尼变位箱实现多向变位功能。由于弹性阻尼变位装置与活动梳齿板的接触方式为多点接触，当活动梳齿板受到多向荷载时，都能通过锚固螺栓传递给自适应弹性变位装置，再通过自适应弹性变位装置的自身变形来适应变位需要。可见，预应力式多向变位伸缩装置是利用弹簧或橡胶块的压缩预应力将活动梳齿板与梁体固定，通过弹簧或橡胶块的压缩变形实现竖向转动。受构造伸缩缝槽口尺寸局限，弹簧或橡胶块的尺寸受到一定限制，也限制了其能发生的压缩变形或绕横桥向的转角。因此，预应力式多向变位伸缩装置的适用范围相对受限，通常适用于位移量不大于 800mm 的情形。

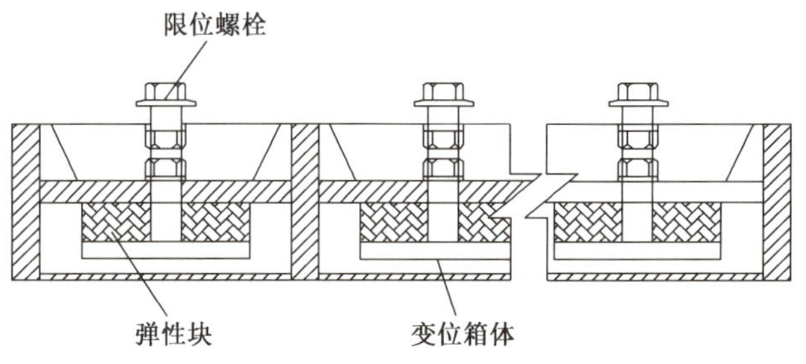

图 4-9 ZSYGF 系列多向变位装置

4.4 钢梳齿板伸缩装置耐久性提升建议

4.4.1 伸缩装置锚固方面

钢梳齿板伸缩装置的锚固是这类伸缩装置最大的问题，直接影响伸缩装置齿板与梁体的连接，若发生齿板脱落，伸缩装置必然失效。钢梳齿板伸缩装置在锚固方面主要存在以下问题：在产品结构构造及受力上，常用钢梳齿板伸缩装置的结构构造在汽车荷载作用下，活动梳齿板的后端锚固存在向上拔出的趋势，但其后端并不能适应这一特点。在锚固系统上，活动梳齿板的预埋形式简单，通常为单根螺栓预埋，不能与梁端锚固系统有效联结；个别锚固螺栓材质及形式选用不合理，极易剪断或拉断；槽口设计时预埋钢筋较少或未有预埋钢筋，缺乏构造钢筋。锚固螺栓拔出是梳齿型伸缩装置的主要缺陷之一。这是由于车轮碾压钢面板一侧时，车轮正下方钢板微微下沉，根据跷跷板原理，同一钢板另一侧微微上翘；或当车轮位于梁缝隙上钢面板位置时，钢面板在重力作用下下挠，两侧钢面板上翘，锚固螺栓长期反复处于这种一升一降抗拔状态，导致螺杆固定螺栓松动，如未及时拧紧，螺栓最终脱落。如果这一缺陷未得到处理和解决，会严重影响多向变位钢梳齿板伸缩装置的使用寿命和行车安全。

针对钢梳齿板伸缩装置锚固螺栓拔出脱落问题的解决思路是，一方面要改善钢梳齿板锚固螺栓及锚固区混凝土的受力状况，减小其受到的拉应力，另一方面是加强锚固螺栓的构造措施，确保螺栓锚固的可靠性。

首先，应加强钢梳齿板构造的科学设计，合理确定钢梳齿板在伸缩缝槽口处的支承长度及锚固螺栓的位置，尽量减小锚固螺栓及周边混凝土的拉应力，改善其受力状况，可有效减少锚固螺栓拔出脱落。

其次，钢梳齿板伸缩装置的锚固螺栓建议采用限位螺栓，包括固定螺栓、锚固螺母和限位块。固定螺栓下端与预埋在主梁混凝土中的预埋钢筋焊接固定，再穿过钢梳齿板，在钢梳齿板的下面设置限位块，上面采用锚固螺母拧紧固定，即使螺栓发生松动也可有效地阻止梳齿型桥梁伸缩装置中锚固螺栓的拔出问题。

最后，钢梳齿板伸缩装置通过 L 形锚固螺栓将齿板固定于桥面，锚固螺栓与预埋钢筋通过焊接方式连接。锚固螺栓与预埋钢筋的焊接质量和焊接长度决定了螺栓是否容易出现松动、脱落现象。因此，对于 L 形锚固螺栓与预埋钢筋的焊接长度也应做出规定，可参考钢筋焊接长度构造要求，L 形螺栓水平段与预埋钢筋焊接时采用双面焊的长度不小于 5 倍钢筋直径，采用单面焊的长度不小于 10 倍钢筋直径。

此外，由于多向变位箱下混凝土操作空间小等因素影响焊接和混凝土浇筑质量，可能还会造成箱体塌落等病害。若这些缺陷未得到处理和解决，也严重影响多向变位钢梳齿板伸缩装置的使用寿命和行车安全。针对上述病害，提出相应的对策：一是可以从改进和优化多向变位箱与梁体的锚固方式出发，合理确定钢板的长度，提高多向变位箱锚固可靠性；二是针对多向变位箱体之下的混凝土厚度较小且不便振捣的问题，伸缩缝槽口可采用流动性好的高性能混凝土，避免箱体下混凝土填充不密实而发生脱空。

4.4.2　伸缩装置防水方面

排水和漏水是多数桥梁伸缩装置使用中存在的问题。无论是公路桥梁还是城市桥梁，伸缩装置排水和防水设计都是非常重要的。伸缩缝处大多通过伸缩装置止水带从端部排水，给桥梁混凝土及支座耐久性、桥下行车安全和水环境污染带来一定风险。伸缩装置排水途径通常是让水沿伸缩装置横向流动，在伸缩缝端部桥梁边缘处直接下坠到路面，如果雨量较大，桥面汇集水流就会很大，每逢暴雨部分桥梁路段的高架常出现“瀑布”奇观，尤其是对于高架道路下的地面道路，下坠的水流会直接影响桥下车辆行驶，严重时造成交通事故，对城市桥梁的影响尤为突出。当桥下有道路时，直接排水对桥下构筑物、道路车辆或人员通行有一定影响；若桥下有河流或湖泊，当桥上发生危化品泄漏时采用直接排放可能会污染周边水环境。

还有一种情形是伸缩缝漏水，发生伸缩缝漏水还会影响桥梁安全。冬季雨雪天气，往往采取撒盐的办法来防止路面结冰，这些盐水对桥梁混凝土及钢筋有较强的腐蚀作用，伸缩装置如果发生漏水现象，势必造成桥梁下部结构与盐水接触，引起腐蚀，影响桥梁安全。

目前对于伸缩装置漏、排水，改进的方法是在出现漏水问题的梳齿板伸缩装置止水带端部下方安装桥梁伸缩装置漏水处理装置（图4-10），即在两主梁端之间或者主梁端与桥台之间的伸缩缝设置可伸缩的收水槽，将伸缩缝流下的漏（污）水进行收集并外排，避免钢梳齿板伸缩装置直接排水对桥下环境的影响，还可以最大程度地减少漏（污）水对梁体和桥墩的侵蚀，从而保障桥梁结构的安全，同时也避免造成对桥下空间美观的影响。

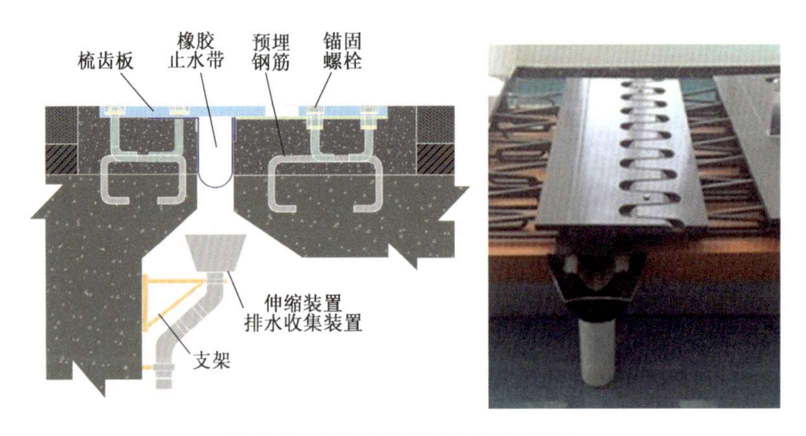

图4-10　伸缩装置漏排水处理装置

4.4.3　伸缩装置防滑方面

钢梳齿板伸缩装置的钢梳齿板即为承载面，也是伸缩装置与车轮直接接触的部分。然而，国内相关规范对钢梳齿板伸缩装置的抗滑性能，包括是否需要对钢梳齿板进行防滑处理，以及防滑处理后应满足的技术指标，都没有明确的规定。目前国内桥梁采用的很多钢梳齿板伸缩装置没有做防滑处理（图4-11）。

图4-11　国内部分钢梳齿板伸缩装置

也有部分伸缩装置做了防滑处理，基本采用钢板刻槽的方式（图4-12）。由于刻槽的宽度和深度缺乏相应的标准，也不能确定是否能满足雨天车辆行车防滑的要求。据调研，雨天车辆在通行桥梁伸缩缝位置刹车时通常有明显的拖拽感，很容易导致侧向附着力不够，打滑严重时还可能出现失去转向或甩尾等车辆失控现象。

图 4-12 国内部分桥梁使用刻槽钢梳齿板伸缩装置

国外钢梳齿板伸缩装置发展相对成熟，如图 4-13 所示的钢梳齿板伸缩装置显示齿板和梳齿均作了刻槽处理，其刻槽的深度和宽度都比国内的钢梳齿板伸缩装置大，钢梳齿板表面摩擦系数也更大。

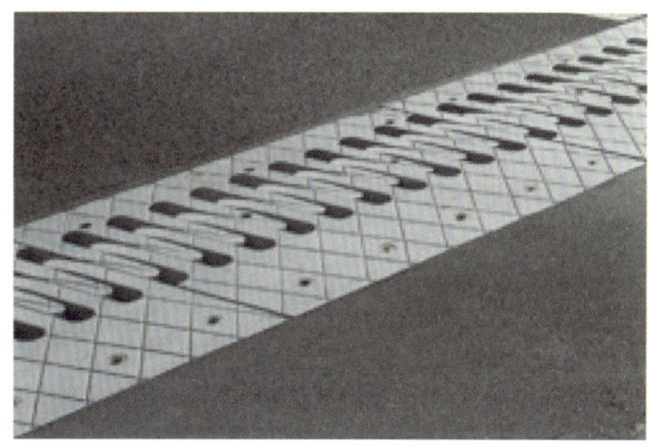

图 4-13 国外部分钢梳齿板伸缩装置

目前，钢梳齿板伸缩装置的防滑处理主要考虑伸缩装置与车轮及接触面的摩擦系数及其表面的刻槽，以此增加摩擦力，但对于刻槽处理措施的要求不明确，也缺乏相应的标准，刻槽处理后能否满足湿滑路面行车需求，避免行车打滑现象，也缺乏足够的理论依据。也有相关单位在做一些研究和尝试，在梳齿板外部硫化一层橡胶，可以有效缓解行车冲击载荷，但也存在一些问题亟待攻克，如长时间行车后橡胶层容易磨损，硫化成型的橡胶层难以更换，且整块橡胶层的防滑效果是否理想也有待验证。总体来说，桥梁伸缩装置的防滑处理是有必要的，但是，究竟采取什么处理方式，处理技术要求和标准如何确定，还有待进一步研究。因此，有必要深入开展桥梁钢梳齿板伸缩装置的防滑研究，解决钢梳齿板伸缩装置防滑的问题。

第5章
CHAPTER 5
桥梁伸缩装置的设计选型

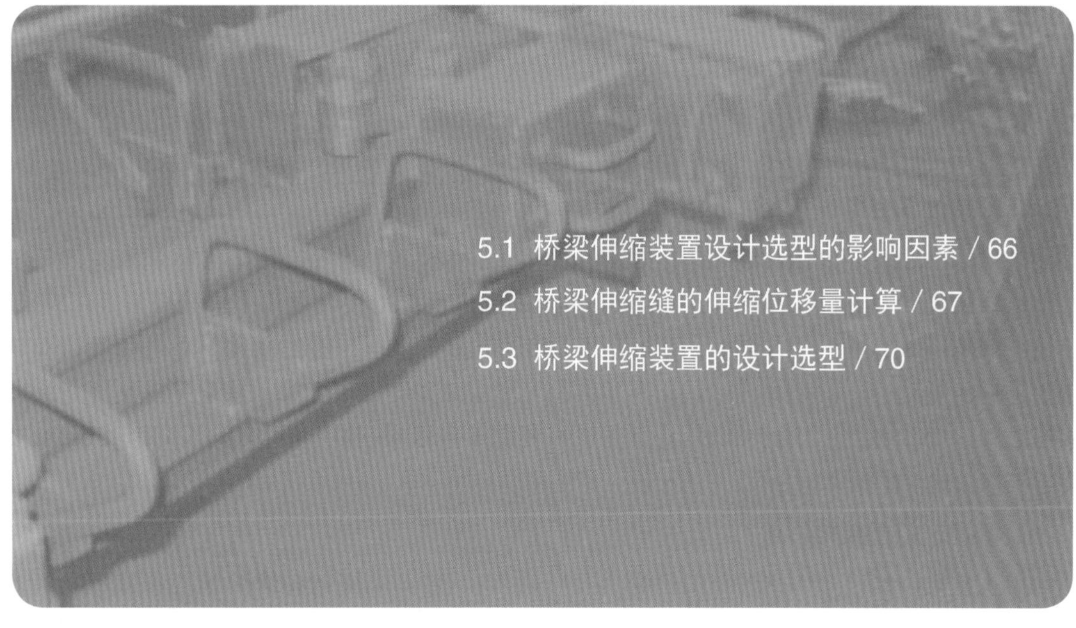

5.1 桥梁伸缩装置设计选型的影响因素 / 66

5.2 桥梁伸缩缝的伸缩位移量计算 / 67

5.3 桥梁伸缩装置的设计选型 / 70

5.1 桥梁伸缩装置设计选型的影响因素

桥梁伸缩装置是一个复杂的受力构件,但其一般都被认为是附属设施,导致桥梁建设单位、设计单位、监理单位、施工单位以及管养单位往往对其重要性认识不足,因此在产品的选型、设计、安装施工以及养护方面出现了一些问题,影响了桥梁伸缩装置的使用寿命。首先,设计选型时对于弯桥、坡桥、斜桥、宽桥等特殊桥梁只考虑纵向变形,没有考虑横向变形、竖向变形、转动以及桥梁支座的选型和布置。其次,产品型号选择偏大或偏小(偏小情况居多),引起产品的过早破坏。此外,在选型时没有考虑交通繁忙路段和一般路段,致使伸缩装置在频繁重载交通下寿命缩短。最后,在桥梁工程的设计、施工过程中没有对伸缩装置统筹考虑,影响了产品的适应性和使用性能。

在产品选型和设计方面,国内目前尚无专门的公路桥梁伸缩装置产品选型和设计规范,仅在《公路钢筋混凝土及预应力混凝土桥涵设计规范》(JTG 3362—2018)和《公路桥涵设计通用规范》(JTG D60—2015)中做了一些产品选型要求,从桥梁结构出发对一般要求、伸缩量和安装宽度三方面做了规定,缺乏对支承系统、位移传动系统和锚固系统的具体设计要求。由于桥梁伸缩装置的类型较多,考虑不同桥梁结构及所处环境特点,影响桥梁伸缩装置选型的因素主要有下面几点:

1)桥梁接缝处梁体位移量

桥梁伸缩装置处的梁体在受到温度变化、混凝土收缩徐变及其他外荷载的作用下会发生位移。钢结构桥只考虑气温变化和可变荷载的影响;钢筋混凝土桥只考虑温度作用、混凝土收缩变位和可变荷载的影响;预应力混凝土桥则需要考虑上述所有可能因素的影响。桥梁接缝处的梁体位移量通常转化为梁端间隙宽度问题,是目前设计人员选择伸缩装置产品型号最主要的依据。

2)桥梁的使用条件

桥梁的使用条件包括桥梁类型、设计年限、跨径大小、交通量情况、车辆荷载和周围环境等。伸缩装置选型时应考虑耐久性的影响,首先要确定桥梁的使用条件。根据相关研究成果,伸缩缝的破坏一般情况下并非由大交通量引起,而是由于重型车辆的影响。重载和超载车辆频繁加速和制动,振动和冲击强烈,加速了伸缩装置的破坏。因此,对于重型车辆交通量大的高速公路、国家或省级交通干线等,特别是矿产资源丰富区域、物流基地等附近的道路,有必要在伸缩装置选型时予以重视。

3)弯、坡、斜桥结构特点

山区桥梁结构以弯桥、坡桥、斜桥为主要形式,当下普遍采用的桥梁伸缩装置基本只考虑其纵向变位的能力,对装置在弯、坡、斜桥的工作性能要求研究相对较少。山区桥梁的伸缩装置与一般条件下的伸缩装置相比具有特殊性,长大纵坡使支座向下坡方向产生较大的剪切变形,严重时会产生纵向滑移,致使伸缩装置卡死或拉裂。山区斜弯桥半径小,易受车辆制动产生的横向力、竖向力影响,对伸缩装置造成损害。因此,应考虑弯、坡、斜桥的特点合理选择伸缩装置类型。

4)伸缩装置的施工性

根据调研情况,锚固区混凝土破坏是桥梁伸缩装置主要的破坏形式之一。究其原因,是因为桥梁伸缩装置的预埋钢筋和锚固钢筋不能有效连接,伸缩装置受到的内力不能有效地传到梁体,导致锚固区混凝土发生破坏。这种破坏很多是由于施工不规范或施工程序复杂、难度大造成的。因此,在伸缩装置选型时应对伸缩装置的施工性进行了解,选择施工性好的伸缩装置类型。在模数式桥梁伸缩装置选择时应注重伸缩装置可施工性的要求。应根据现场的实际情况,如预计不能充分地做到精细化施工,就应尽可能避免选用受施工因素影响大、施工质量控制难度大的桥梁伸缩装置。

5)伸缩装置的经济性

伸缩装置不能视作一种常规耗材,不能仅根据各类伸缩装置的单价确定其经济性,应根据整个桥梁使用寿命期内的总成本来综合确定。尤其对于高速公路,重载交通量大,价格低廉的产品往往截面尺寸偏小且支承横梁间距过大,容易发生破坏,使用寿命相对较短。在后期维修更换过程中,局部中断交通影响通行,更换频繁引起养护费用增加,对于山区桥梁或高墩桥梁,维护更换的成本则更高。

可见,在选择桥梁伸缩装置形式时,不能仅依据纵向伸缩量来选择。除了考虑梁体的纵向、横向伸缩及转角、竖向变位等因素外,还应结合耐久性、防水性、施工的便捷性、经济性等因素进行综合考虑。

5.2 桥梁伸缩缝的伸缩位移量计算

桥梁接缝处梁体伸缩位移量是桥梁伸缩缝设计和选型的主要依据。同时,伸缩缝伸缩量与桥梁接缝处梁体位移量对应,计算梁体位移量时应考虑温度变化、混凝土收缩徐变、车辆荷载、预应力、基础变位、风荷载等引起的纵向、横向伸缩及转角、竖向变位等因素。需要说明的是,对不同的桥梁结构类型而言,其伸缩量只与上述部分因素有关。钢结构桥主要考虑气温变化和可变荷载的影响;钢筋混凝土桥主要考虑气温变化、混凝土收缩变位和可变荷载的影响;预应力混凝土桥梁则需要考虑上述所有可能因素的影响。针对桥梁伸缩缝的伸缩位移量计算,《公路钢筋混凝土及预应力混凝土桥涵设计规范》(JTG 3362—2018)也给出了相应的计算公式。

5.2.1 桥梁温度变化引起的位移

桥梁温度变化引起的伸缩位移量是桥梁伸缩装置最主要的部分，它与桥梁的计算长度、桥梁所处环境的温度差和伸缩装置的安装温度相关。根据相关规范，桥梁接缝处由温度变化引起的伸缩量 Δl_t^+ 和 Δl_t^- 可按下式计算：

（1）温度上升引起的梁体伸长量：

$$\Delta l_t^+ = \alpha_c L(T_{max} - T_{set,l}) \tag{5-1}$$

（2）温度下降引起的梁体伸长量：

$$\Delta l_t^- = \alpha_c L(T_{set,u} - T_{min}) \tag{5-2}$$

式中：α_c——梁体混凝土材料线膨胀系数，采用 $\alpha_c = 1.0 \times 10^{-5}$；

T_{max}、T_{min}——当地最高、最低有效气温值（℃），按《公路桥涵设计通用规范》（JTG D60—2015）取值；

$T_{set,u}$、$T_{set,l}$——预设的安装温度范围的上限值和下限值（℃）；

l——计算一个伸缩装置伸缩量所采用的梁体长度（mm），视桥梁长度分段及支座布置情况确定。

关于 T_{max}、T_{min} 的取值，《公路桥涵设计通用规范》（JTG D60—2015）规定，桥梁结构的温度变化范围应根据桥梁所在地区的气候条件而定，混凝土结构可取当地历年最高日平均温度或最低日平均温度，钢结构可取当地历年最高温度或最低温度。桥梁结构存在一个“伸缩零点”，在这一点温度不会引起它的伸长或缩短，其位置不受温度的影响。l 表示有效梁体长度，指的是桥梁“伸缩零点”到桥梁伸缩装置处的距离，与桥梁支座的布置情况有关。

5.2.2 混凝土收缩、徐变引起的位移

混凝土收缩是混凝土材料本身固有的特性，其影响因素包括混凝土水灰比，环境温度湿度、混凝土的强度和龄期等多种因素。混凝土收缩引起的变形较大，若设计时未加考虑，则有可能造成伸缩装置的破坏。混凝土结构除了考虑混凝土收缩的影响外，还应分析混凝土徐变的影响，徐变除了与收缩影响因素有关，还与施加预应力时的混凝土强度、龄期和预施应力的大小相关。桥梁接缝处由混凝土收缩引起的梁体缩短量 Δl_s^- 及混凝土徐变引起的位移具体计算可参照《公路钢筋混凝土及预应力混凝土桥涵设计规范》（JTG 3362—2018）的有关规定。

5.2.3 汽车制动力引起的位移

汽车制动力引起的位移包括两部分，一部分是制动力引起的板式橡胶支座剪切变形，表现出水平向的伸缩位移；另一部分是汽车制动力分配和传递给墩柱，在桥梁墩顶形成水平位移，位移的大小受桥墩的水平抗推刚度影响较大。由制动力引起的板式橡胶支座剪切变形导致的桥梁伸缩缝开口量 Δl_b^- 或闭口量 Δl_b^+，可按下式计算：

（1）由制动力引起板式橡胶支座剪切变形导致的伸缩缝开口量 Δl_{b1}^- 或闭口量 Δl_{b1}^+：

$$\Delta l_{b1}^- \text{ 或 } \Delta l_{b1}^+ = F_k t_e / G_e A_g \tag{5-3}$$

(2)由制动力引起墩顶变形导致的伸缩缝开口量 Δl_{b2}^- 或闭口量 Δl_{b2}^+：

$$\Delta l_{b2}^- \text{ 或 } \Delta l_{b2}^+ = F_d / B_d \tag{5-4}$$

(3)由制动力引起的伸缩缝开口量 Δl_b^- 或闭口量 Δl_b^+：

$$\Delta l_b^- = \Delta l_{b1}^- + \Delta l_{b2}^- \tag{5-5}$$

或

$$\Delta l_b^+ = \Delta l_{b1}^+ + \Delta l_{b2}^+ \tag{5-6}$$

式中：F_k——分配给支座的汽车制动力标准值(N)；

t_e——支座橡胶层总厚度(mm)；

G_e——支座橡胶剪切变形模量(MPa)；

A_g——支座平面面积(mm^2)；

F_d——离伸缩装置最近的桥墩制动力(N)；

B_d——桥墩抗推刚度(N/mm)。

5.2.4　其他影响因素引起的位移

在桥梁伸缩量计算时，还需考虑其他因素，如基础变位、风荷载等引起的纵向、横向伸缩及转角、竖向变位等。但根据《公路钢筋混凝土及预应力混凝土桥涵设计规范》(JTG 3362—2018)的相关规定，将温度变化引起的伸缩量，混凝土收缩、徐变引起的伸缩量，以及制动力引起的桥梁伸缩量，作为确定桥梁伸缩装置类型和规格的主要依据，而其他因素引起的伸缩量则在设置桥梁伸缩缝的富余量时予以考虑。对桥梁接缝处伸缩量一般需考虑一定的安全储备(乘以增大系数β)，以保证伸缩装置使用效果和耐久性。伸缩装置沿桥轴线的伸缩量可取β = 1.2～1.4。对于普通简支梁或连续梁桥，由于其伸缩位移主要由温度、混凝土收缩和徐变、活载作用产生，伸缩量的计算可控性好，计算富余量按下限取值；对于斜拉桥和悬索桥等纵向刚度相对较小的桥梁，在风荷载、活载等荷载作用下，伸缩量的计算可控性相对较差，可取较大的富余量。

5.2.5　桥梁伸缩缝计算伸缩量的确定

根据《公路钢筋混凝土及预应力混凝土桥涵设计规范》(JTG 3362—2018)第8.8.2条第5款的有关规定：

(1)伸缩装置在安装后的闭口量 C^+：

$$C^+ = \beta(\Delta l_t^+ + \Delta l_b^+) \tag{5-7}$$

(2)伸缩装置在安装后的开口量 C^-：

$$C^- = \beta(\Delta l_t^- + \Delta l_s^- + \Delta l_c^- + \Delta l_b^-) \tag{5-8}$$

(3)伸缩装置的伸缩量 C 应满足：

$$C \geqslant C^+ + C^- \tag{5-9}$$

伸缩装置的设计安装宽度，根据计算得到的开口量 C^- 和闭口量 C^+ 进行计算，其值可在

$[B_{min}+(C-C^-)]$与$[B_{min}+C^+]$两者之间取值，其中C为选用的伸缩装置的伸缩量，B_{min}为选用的伸缩装置的最小工作宽度。

5.3 桥梁伸缩装置的设计选型

5.3.1 常规桥梁伸缩装置

(1)对于常规桥梁(一般连续箱梁、先简支后连续的普通T梁桥及空心板梁桥)，联长一般不大于160m，桥梁纵向伸缩位移量较小(一般为40mm、80mm、160mm)，竖向和横向变位对桥梁的影响较小，模数式伸缩装置发生病害相对较少，尤其是单缝式伸缩装置的可靠性好，建议选用模数式伸缩装置。

(2)对于连续刚构、斜拉桥、悬索桥等大桥，由于桥梁的横向和竖向变位对桥梁影响较大(多为240mm、320mm及以上)，这就要求伸缩装置在纵向、横向及竖向均有一定的变位能力，如悬索桥、斜拉桥的接缝处，由于横向风力、车辆荷载、基础变位等对横向伸缩量、横向转角和竖向变位影响较大，建议选择能适应桥梁三个方向变位的多向变位钢梳齿板伸缩装置，且考虑利于钢梳齿板伸缩装置排水，宜采用跨缝式钢梳齿板伸缩装置，以适应大跨径桥梁可能发生的竖向、横向、扭转等空间变形。

(3)对于连续箱梁、T梁和空心板梁，设计时伸缩缝处应设置具有足够刚度的抬梁，避免梁端支承横梁变形过大引起伸缩缝的破坏。在重载交通及交通量大的路段，尽量避免采用浅埋式伸缩缝，应选择主梁刚度大及锚固性能好的伸缩缝。

5.3.2 特殊桥梁伸缩装置

1)弯桥

为了提高弯桥结构的抗扭刚度，弯桥一般采用箱梁截面，伸缩缝作为桥面结构、箱梁之间的连接部件也必须能够适应主梁间立体三维空间的不同运动要求，其受力性能也更为复杂。对于曲线半径较小的弯桥，通常还伴有横坡和超高设计等，桥梁结构受力复杂，尤其是对于宽度和跨径很大的弯桥，沿桥端线和垂直于桥端线方向也发生变位，伸缩装置在横向的变位不可忽略。

弯桥伸缩装置应设置在曲率半径上，计算其沿桥梁轴线两侧不同点处的伸缩量应考虑平面曲率半径所引起的增大量或减小量。当弯桥选择采用模数式伸缩装置时，在伸缩装置的梁端间隙计算时应考虑到弯桥内侧和外侧的变位差及伸缩缝宽度差，计入切向不均匀变位，并以外侧较大位移量来控制设计。在伸缩装置型号选择时，应考虑一定的富余度。由于城市道路路基宽度大，当桥梁的曲线半径较小时，曲线内外侧的伸缩缝宽度相差较大，由于单元式钢梳齿板伸缩装置可通过单元式结构适应曲线内、外侧伸缩缝宽度差，因此宜选择具有多向变位能力的桥梁伸缩装置，但梳齿板的间隙要满足切向变位的要求；当桥梁伸缩位移较小时可选择模数式伸缩装置，曲线半径对其影响较小。

桥梁伸缩装置规格的选择是桥梁设计的一项重要工作，桥梁伸缩装置规格选择主要的依据就是前面计算的桥梁伸缩量。若伸缩装置采用的规格型号过大，首先从经济上就造成了浪费，而且使梁体预留槽口的尺寸增大，在一定程度上削弱了梁体截面。若伸缩装置采用的规格型号过小，意味着不能满足桥梁伸缩变形的需求，出现桥梁伸缩装置主梁间隙超过设计值80mm，导致伸缩装置间隙拉开，橡胶止水带脱落，使桥梁伸缩装置提前破坏。可见，伸缩装置规格型号偏小相对于伸缩装置规格型号偏大对伸缩装置的破坏性更大。因此，对于弯桥，其主梁内侧和外侧计算伸缩量不一致时，在选用伸缩装置时可按照“宜大不宜小”的原则，选择规格型号偏大的桥梁伸缩装置。

2）纵坡较大的桥梁

较大纵坡上的伸缩缝受力复杂，特别是车辆下坡时的冲击作用，中梁钢易产生较大的扭矩作用而变形，长时间反复冲击就可能出现钢梁断裂破坏。因此，对于坡桥，在伸缩装置选择时应注意以下问题：

（1）在选择伸缩装置时，对于纵坡较大的桥梁，当纵坡大于2.5%时，不宜采用普通钢梳齿板伸缩装置，因竖向错位容易使齿板损坏。

（2）对于多缝模数式伸缩装置，对桥梁纵坡大及重载交通量大的道路，宜采用大“王”字钢中梁的模数式伸缩装置。

（3）相关研究表明，春、秋季安装伸缩装置所产生的竖向变位仅为夏、冬季的1/2。对于坡度较大的桥梁，安装单缝式伸缩装置时应尽量避开夏、冬季极端气温，建议在春、秋季安装，对不同纵坡的影响在理论计算上可以接受。

（4）纵坡引起的水平力对梁体和伸缩装置的影响很大，与梁体与桥墩之间的纵向位移有很大关系。对于坡度较大的桥梁应采取纵向限位措施，如固定支座、墩梁固结、纵向限位挡块等，控制梁体的纵向位移，避免因桥梁纵坡引起的水平力使伸缩装置宽度超限或抵死。

3）斜交桥

斜交桥梁在桥梁伸缩装置选择时，应注意伸缩装置宽度按垂直于支承边方向取值，即桥梁伸缩装置型号应根据垂直于支承边方向的梁体伸缩量来选择。

一般来说，斜交桥伸缩装置的支承横梁设计都是与行车方向一致的，即伸缩装置支承横梁和异型钢主梁呈一定的交角。桥梁伸缩装置不会受斜交角度大小影响发生跳车现象，当桥梁的伸缩位移量较小时可选择模数式伸缩装置。但当斜交角较大时，如果采用模数式桥梁伸缩装置，伸缩装置控制的支承横梁间距不应取相邻两根支承横梁的垂直距离，而应基于支承横梁沿伸缩装置主梁的间距来控制，否则可能出现桥梁伸缩装置主梁水平或竖向刚度不满足要求的情况。

当采用钢梳齿板伸缩装置时，由于采用单元式结构，可以通过齿宽间隙的调整和齿的交叉伸进逐渐消除斜交角度的影响，但应注意钢梳齿板伸缩装置的设计构造。

第 6 章

CHAPTER 6

预制T梁桥伸缩缝槽口设计与施工优化

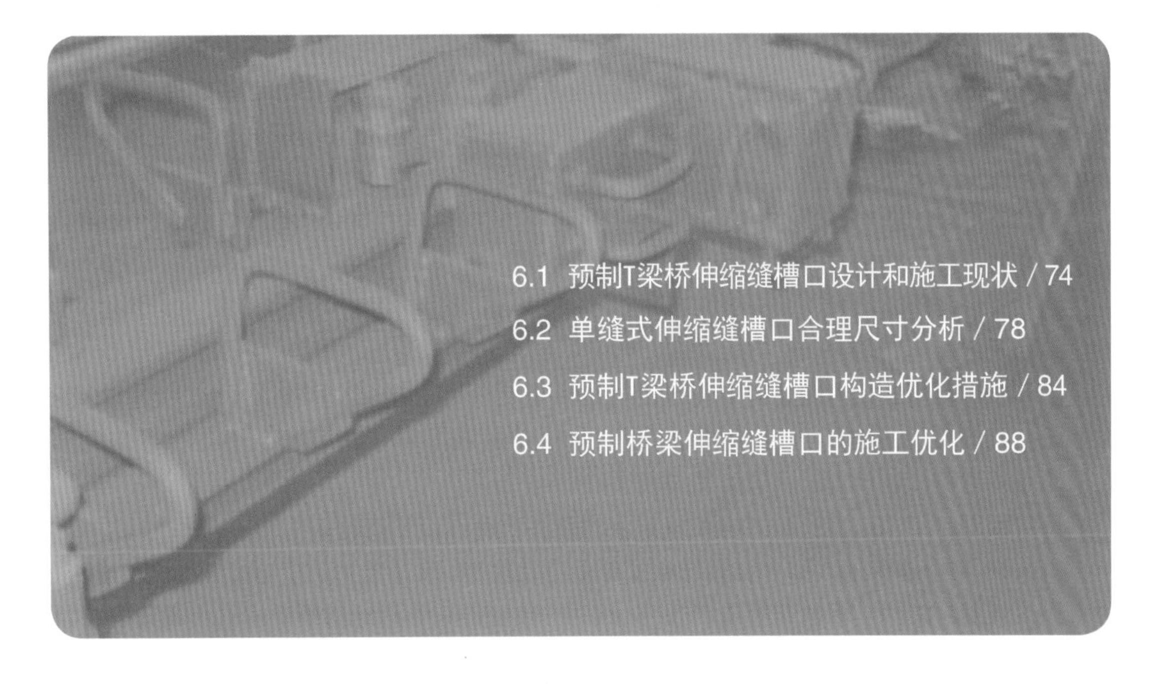

6.1 预制T梁桥伸缩缝槽口设计和施工现状 / 74

6.2 单缝式伸缩缝槽口合理尺寸分析 / 78

6.3 预制T梁桥伸缩缝槽口构造优化措施 / 84

6.4 预制桥梁伸缩缝槽口的施工优化 / 88

6.1 预制 T 梁桥伸缩缝槽口设计和施工现状

目前预制桥梁使用最多的主要为 80 型伸缩缝和 160 型伸缩缝，预制桥梁一般采用通用图设计，两种类型伸缩装置的槽口构造设计有所差异。

6.1.1 80 型伸缩缝梁端构造设计

由于预制 T 梁 80 型伸缩缝梁端常用规格桥梁伸缩装置安装高度均小于桥梁铺装层 18cm 厚度，因此梁端未设置槽口。在工厂预制混凝土 T 梁时，需在预制 T 梁梁端顶面预埋伸缩缝连接钢筋，梁体吊装架设后在伸缩装置安装时将预埋钢筋与伸缩缝锚固钢筋焊接，然后浇筑槽口混凝土完成伸缩装置安装。T 梁梁端构造如图 6-1 所示。

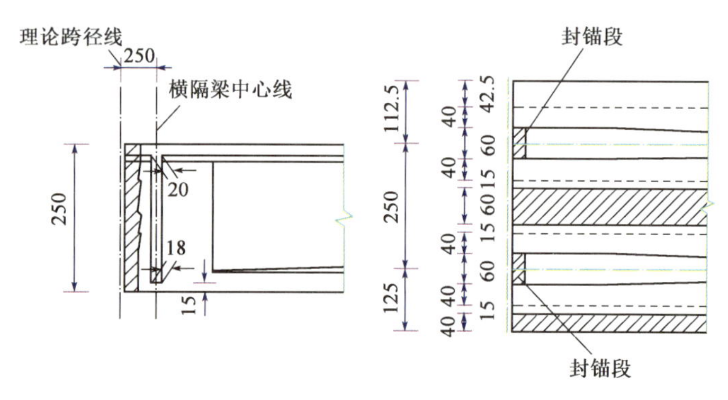

图 6-1 80 型伸缩缝梁端构造示意图(尺寸单位:cm)

预制 T 梁 80 型模数式伸缩缝梁端构造主要存在以下问题:

(1)预制 T 梁 80 型伸缩缝处是梁体结构的薄弱位置，梁端并没有做加强处理，车辆在伸缩缝处频繁的冲击和疲劳荷载作用下容易发生剥落、开裂等现象，这也是 80 型伸缩缝混凝土破坏现象比 160 型伸缩缝严重的重要原因之一。

(2)由于预埋钢筋布置在 T 梁顶面，在架桥机及临时施工设备通过时，会压弯预埋钢筋，影响后续伸缩缝与预埋钢筋的连接。

6.1.2 160 型伸缩缝梁端构造设计

由于 160 型模数式伸缩装置安装深度要求一般大于桥面铺装层 18cm 厚度，故在 T 梁梁端处需设置槽口，一般槽口尺寸为 40cm(深度) ×35cm(长度)。为了便于设置梁体预埋钢筋，在梁端伸缩缝槽口处设置了翼缘板加厚段，如图 6-2 所示。

目前预制 T 梁 160 型模数式伸缩缝梁端构造主要存在以下问题:

(1)160 型伸缩缝处预制 T 梁翼缘板加厚处存在突变，即翼缘加厚段与腹板交界点成直角关系，不利于梁体受力，该位置容易出现应力集中，致使伸缩缝附近混凝土过早出现开裂现象。

（2）预制T梁伸缩缝预留槽口施工质量控制难度大，包括预制槽口尺寸的控制和预埋钢筋位置和高度常常达不到设计预期，施工中容易出现各种问题，影响后期伸缩装置的安装质量。

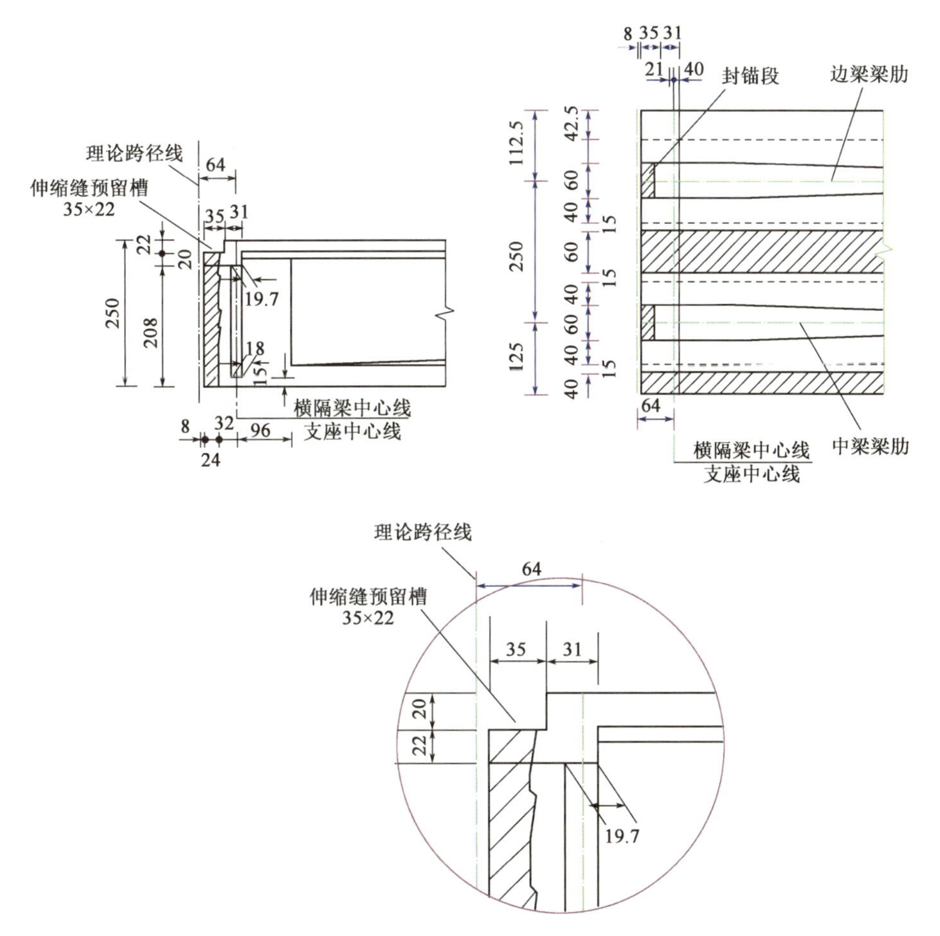

图6-2　160型伸缩缝梁端构造示意图（尺寸单位：cm）

6.1.3　预制T梁桥伸缩缝槽口施工现状

长期以来，普通预制桥梁设计常采用先简支后连续预应力混凝土T梁结构形式，施工则采用预制拼装施工工艺。调研桥梁伸缩缝在安装期间容易出现的问题，并对相应的问题进行了总结。伸缩缝施工期间存在的问题主要表现在以下方面：T梁首尾夹角问题，T梁预制横坡引起梁体错台，梁端间隙宽窄不一的问题，梁端、背墙预埋钢筋定位不准确，台背和梁头预留钢筋缺损，施工时运料车辆压坏预留锚固钢筋，尤其是梁体预制施工过程中预埋筋施工出现的偏差太大，预埋钢筋度太浅导致锚固长度不够等现象。此外，还有在伸缩缝锚固钢筋与预埋钢筋焊接施工质量差，造成伸缩装置的锚固钢筋与梁体预埋钢筋连接薄弱，后浇混凝土的施工质量控制不到位。下面对上述问题进行详细介绍。

1) T 梁首尾夹角问题

由于 T 梁平行布置,故设计中 T 梁梁端与桥梁轴线不垂直,为保证 T 梁梁端与伸缩缝中线平行,梁端与桥梁轴线存在一定夹角,如图 6-3 所示。

由于施工时未设置首尾夹角,导致梁端对不齐,预埋钢筋错位,如图 6-4 所示。

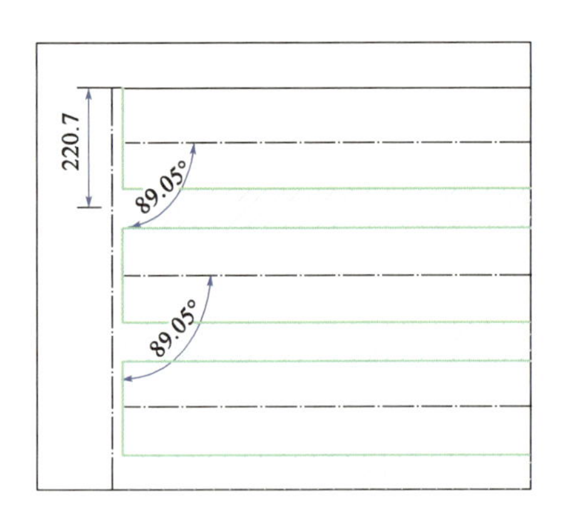

图 6-3 梁端首尾夹角示意图(尺寸单位:cm)

图 6-4 梁端未设置首尾夹角现场图

2) 预制 T 梁吊装错台现象

预制 T 梁吊装施工时,相邻梁片之间预制横坡不一致,或支座垫石高程控制不严,使相邻 T 梁之间高差较大甚至出现错台现象,这将导致预埋钢筋高低不一,如图 6-5 所示。

3) 梁端间隙问题

预制桥梁结构吊装过程施工控制不到位引起伸缩缝处呈锯齿状,导致伸缩缝梁端间隙宽窄不一(图 6-6),不但在安装伸缩装置时容易出现边梁托空的情况,还可能会因梁端间隙宽度过小出现伸缩缝抵死现象。预留槽口和预埋钢筋布置往往达不到设计要求,容易出现伸缩装置边梁脱空的现象,还会在后期安装伸缩装置时发生预埋钢筋和锚固钢筋错位的现象,影响锚固效果。

图 6-5 T 梁吊装错台现象

图 6-6 梁端间隙不齐整

4) 预埋钢筋定位问题

T 梁预制时预埋钢筋定位偏差或预埋钢筋未进行有效定位,出现不准、高程不一现象,导致伸缩缝预埋钢筋出现平面错位,如图6-7所示。

图6-7　预制梁体预埋钢筋尺寸与位置不准确

5)预制T梁时漏埋钢筋现象

由于施工质量控制不到位,在预制T梁时漏埋伸缩缝预埋钢筋,如图6-8所示。对于这种现象,一般采用后期植筋的补救措施,但植筋锚固性能较差。

图6-8　漏埋伸缩缝钢筋现场图

6)槽口预埋筋未进行保护

施工过程中运梁车等大型施工机械和其他工程车辆需要通过槽口位置,会导致槽口处预埋钢筋发生弯曲甚至严重变形偏位(图6-9),对伸缩缝槽口预埋钢筋影响较大,可能与伸缩装置的锚固钢筋不能对位或不能焊接。在后期伸缩装置安装期间若不能将预埋钢筋恢复至设计要求,将会影响后期伸缩装置的安装质量。因此,施工期间如何保护伸缩缝槽口及预埋钢筋,也值得

图6-9　预埋钢筋被施工机械压弯变形

深思和探讨。

预制T梁伸缩缝槽口在施工期间暴露出许多问题，表6-1统计和分析了伸缩缝槽口在施工期间暴露的问题及成因。

施工期间出现的问题及原因　　表6-1

编号	问题	成因分析
1	梁端对不齐，预埋钢筋错位	T梁首尾未设置夹角
2	预埋钢筋高低不一	T梁预制横坡及施工控制不当
3	预埋钢筋平面错位	预埋钢筋定位不准
4	预制T梁时漏埋伸缩缝钢筋	承包人经验不足或疏忽
5	伸缩缝处呈锯齿状	吊装过程施工控制不到位
6	预埋钢筋被施工机械压弯变形	伸缩缝施工前未对预埋钢筋进行保护

上述施工期间出现的问题，与预制拼装结构桥梁施工特点及伸缩缝槽口的施工工艺有密切的关系。预制拼装结构T梁通常在预制梁厂制作完成，然后再运输吊装至桥墩上完成拼装施工，在预制过程或拼装过程中施工控制难度大，难免会出现施工偏差，偏差发生后在后期施工过程中不容易纠正和弥补，将直接影响后期伸缩装置的安装质量。预制桥梁伸缩缝槽口良好的施工质量是保障后期伸缩装置安装质量的基础条件。

此外，伸缩装置安装施工与主体结构（主梁）施工常常不是一家单位，预制桥梁的槽口及预埋筋的埋设等工作都是由土建施工单位负责完成，而伸缩装置的安装大多由路面施工单位负责完成，路面施工单位通常将伸缩装置安装施工承包给伸缩缝专门施工队伍完成。伸缩装置的安装涉及两家单位的工作面和工作内容的交接问题，土建单位的施工质量对路面施工单位伸缩装置安装质量的影响较大。

由于土建施工单位在施工过程中往往做不到精细化施工，且预制桥梁伸缩缝槽口及预埋钢筋施工质量控制难度又大，导致桥梁伸缩缝槽口和预埋钢筋的施工常常不能达到设计要求，后期路面施工单位整改和处理的难度很大。由于伸缩装置的安装时间处于桥梁工程总工期的末尾，施工方为了赶工期，加之思想上不重视，放松了对施工质量的控制，这也是施工过程中问题频繁的原因之一。

6.2 单缝式伸缩缝槽口合理尺寸分析

6.2.1 单缝式伸缩装置边梁的锚固方式

单缝式伸缩装置边梁的可靠锚固是保证在承受荷载后不脱落、不断裂的重要条件。目前国内外单缝式伸缩装置边梁的锚固形式很多，因此在设计中采用哪种锚固形式值得深入研究。

模数式伸缩装置的锚固方法和原理是一样的，一般是在模数式伸缩装置的边梁下部焊接固定钢板，将模数式伸缩装置与钢板固定，固定钢板一般设置为固定间距（如20cm），然后在钢板上焊接一个锚固环，再设置横向分布钢筋同时穿过锚固环与预埋钢筋，并要求将横穿钢筋或锚固环与伸缩缝槽口预埋钢筋焊接，从而实现模数式伸缩装置的锚固。下面以E型钢边梁为例介绍单缝式伸缩装置的锚固方式。E型钢边梁一般有四种常见的锚固形式（表6-2），主要特征是：①将锚固钢筋直接焊接在型钢上；②在型钢底部焊接钢板，U形锚固钢筋的上段与型钢直接焊接，下端与钢板焊接；③在型钢底部焊接钢板，将U形锚固钢筋全部与钢板焊接固定；④在型钢底部焊接钢板，将三角形锚固钢筋的全部与型钢直接焊接。四种锚固结构最根本的差异在于对槽口深度的要求不同，对槽口尺寸的要求不同。第一种锚固结构适用于浅埋槽口，第二种锚固结构适用于略深的槽口，第三种、第四种锚固形式则需更大的槽口深度。

E型截面单缝式的边梁锚固方式　表6-2

类型	特点	图例
Ⅰ类	在E型钢下缘上侧焊接钢板，锚固钢筋一端与钢板焊接，另一端与型钢底部焊接。为浅埋式单缝式伸缩装置，伸缩装置埋入梁体的深度最小	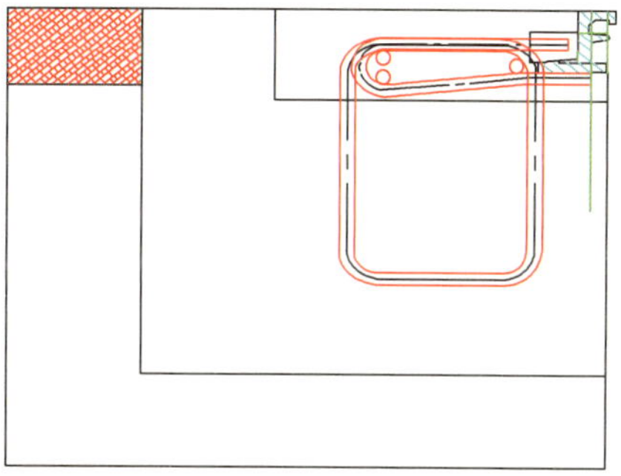
Ⅱ类	在E型钢下方焊接钢板，锚固钢筋一端与型钢下缘上侧进行焊接，另一端与钢板焊接，伸缩装置埋入梁体的深度稍大于Ⅰ类	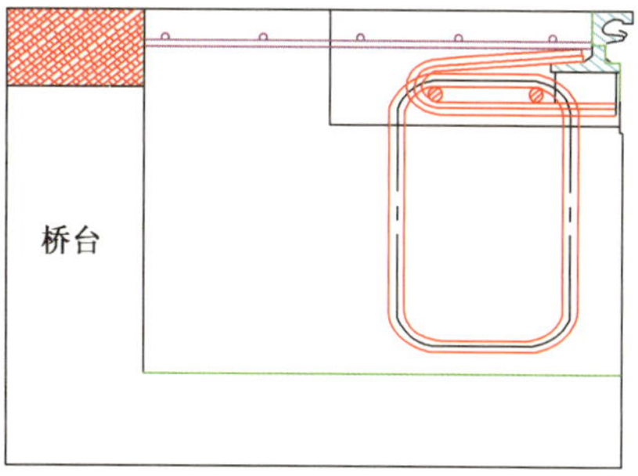 桥台
Ⅲ类	在E型钢下方焊接钢板，锚固钢筋一端与钢板上侧进行焊接，另一端与钢板下侧焊接，锚固环水平钢筋平行设置，伸缩装置埋入梁体的深度稍大于Ⅱ类	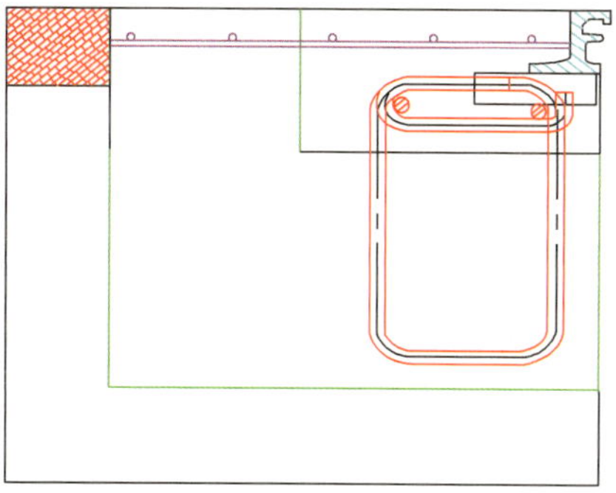

续上表

类型	特点	图例
Ⅳ类	在E型钢下方焊接钢板，锚固钢筋一端与钢板上侧进行焊接，另一端与钢板下侧焊接，锚固环筋呈三角形设置，伸缩装置埋入梁体的深度最大	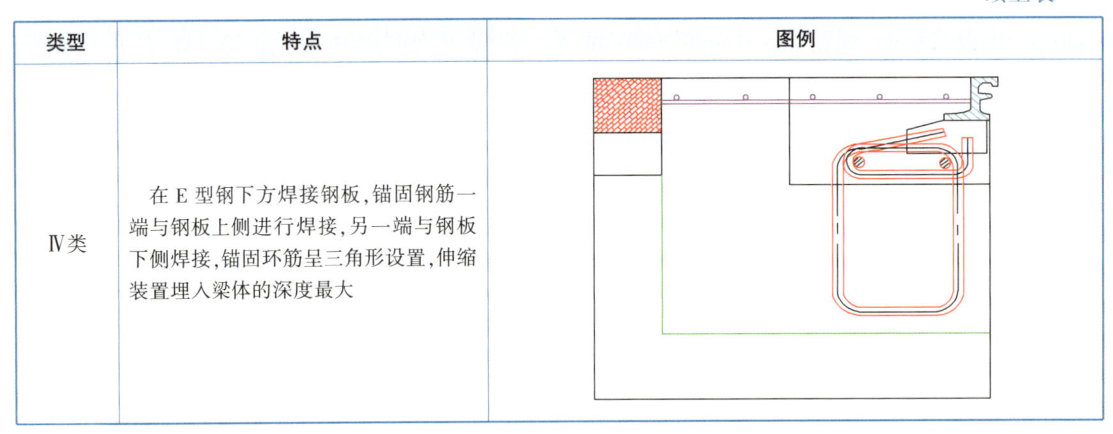

6.2.2 预制T梁桥伸缩缝最佳埋置深度

伸缩装置安装锚固于梁体，除了部分浅埋式伸缩缝，大多数伸缩装置安装都需要在梁体设置预留槽口，关于伸缩缝槽口尺寸如何设置的研究却很少见。一直以来，伸缩装置的安装图纸都是由伸缩装置生产厂家提供，桥梁设计人员没有专门进行设计。厂家提供的图纸中，伸缩缝的预留槽口尺寸往往只需要满足伸缩装置产品的安装就可以了，至于是否设置梁体伸缩缝预留槽口及预留槽口尺寸大小是否对结构受力最有利，未见相应的分析结论。针对桥梁伸缩缝锚固区混凝土普遍存在破坏的情况，桥梁梁体预留槽口尺寸可能会对伸缩缝锚固区混凝土病害有一定的影响，通过文献检索发现均未见对伸缩缝锚固区混凝土局部受力的计算和分析的研究。因此，本节对伸缩缝锚固区混凝土构造深度对锚固区混凝土受力的影响进行计算和分析。

为了分析伸缩缝构造深度对锚固区混凝土的受力性能影响，下面以E型钢边梁伸缩装置为例，建立伸缩装置异型钢边梁和不同深度的锚固区混凝土的三维实体模型，对型钢和锚固区混凝土的受力情况进行了计算。建模时考虑到模数式伸缩装置的锚固构造及车轮布置特点，取一个车轮影响范围内的伸缩装置型钢建模计算，锚固钢筋的间距为20cm，钢筋直径取16mm，分别按伸缩装置埋入8cm、10.8cm、13.6cm、15.8cm、18.6cm时计算锚固区混凝土应力状况（图6-10），对伸缩缝槽口的合理尺寸进行分析，确定单缝式伸缩缝槽口的合理取值范围。

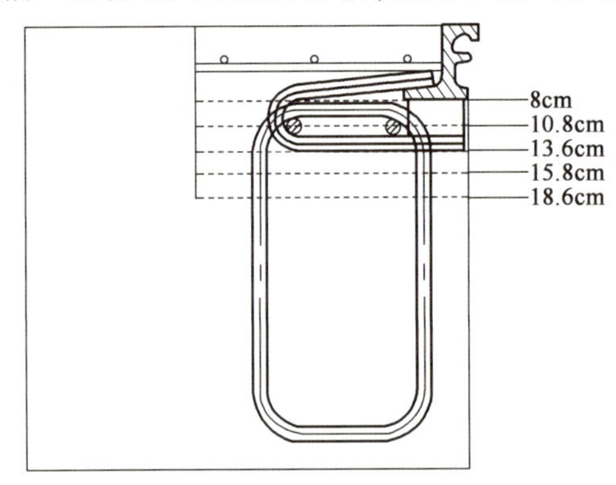

图6-10 不同埋置深度的单缝式伸缩缝

根据《公路桥梁伸缩装置设计指南》(JTQX-2011-12-1)有关规定,采用规定的标准车辆疲劳荷载加载,取竖向载荷作用为192.58kN,水平荷载作用为64.19kN。根据上述计算条件建立三维有限元模型,对伸缩装置埋置于不同深度条件、在最不利荷载工况作用下伸缩装置边梁锚固区混凝土受力情况进行了计算。伸缩装置不同构造深度锚固区混凝土拉应力和压应力云图见图6-11~图6-15。

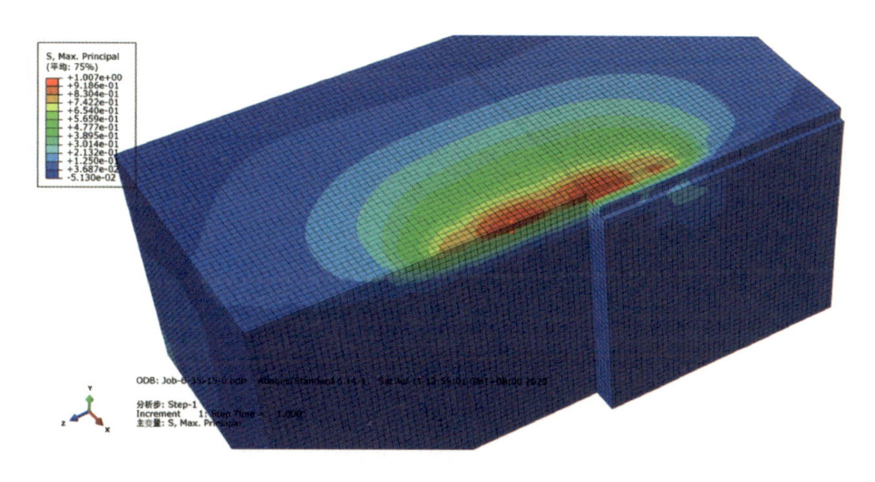

图6-11　8cm埋置深度锚固区混凝土拉应力云图(单位:MPa)

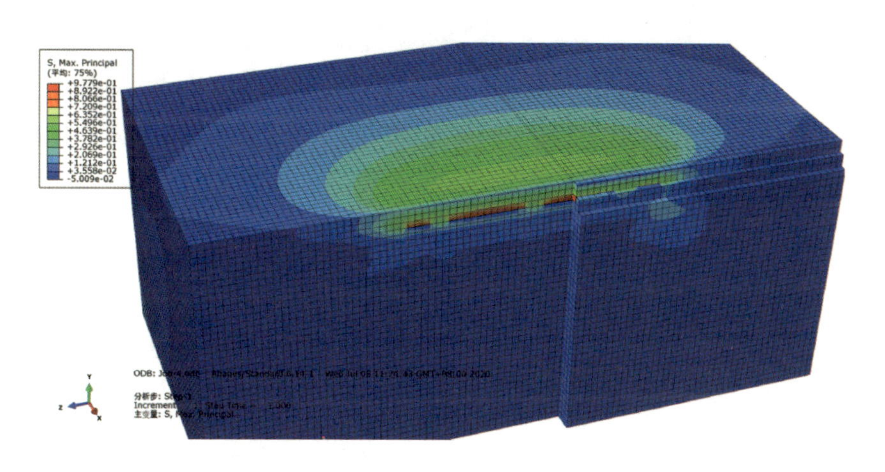

图6-12　10.8cm埋置深度锚固区混凝土拉应力云图(单位:MPa)

根据图6-11~图6-15伸缩缝锚固区混凝土应力云图可知,随着伸缩装置埋置深度的增加,锚固区混凝土拉应力最大值也沿深度方向下移。当伸缩装置埋置深度为8cm及10.8cm时,锚固区混凝土表面出现较大拉应力;当伸缩装置埋置深度大于13.6cm时,锚固区表面混凝土几乎没有出现拉应力。因此,可考虑增加单缝式伸缩装置在槽口混凝土中的埋置深度来改善其受力性能。同时,对伸缩装置埋入不同深度的锚固区混凝土应力最大值进行了统计,见表6-3。

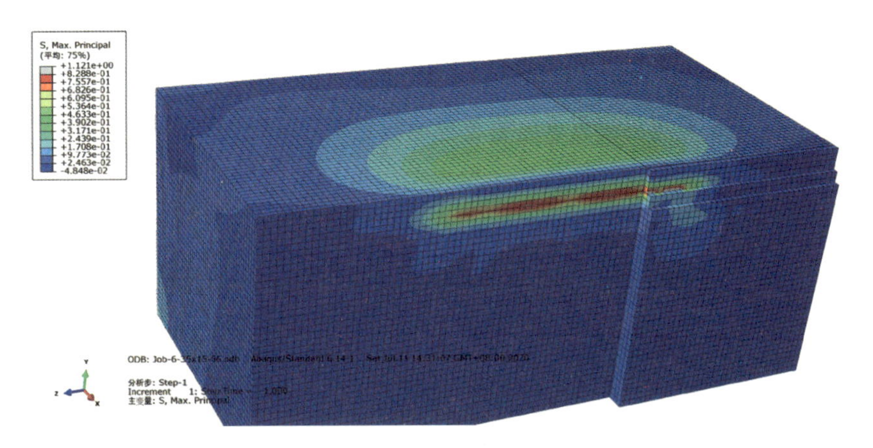

图 6-13　13.6cm 埋置深度锚固区混凝土拉应力云图(单位:MPa)

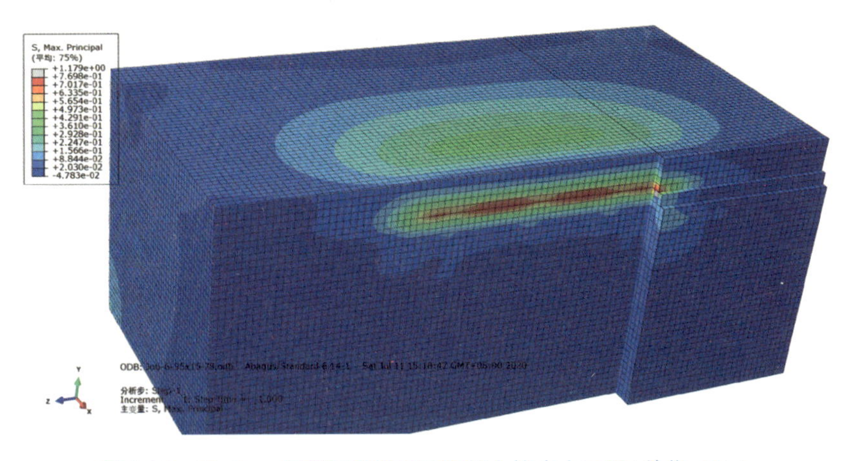

图 6-14　15.8cm 埋置深度锚固区混凝土拉应力云图(单位:MPa)

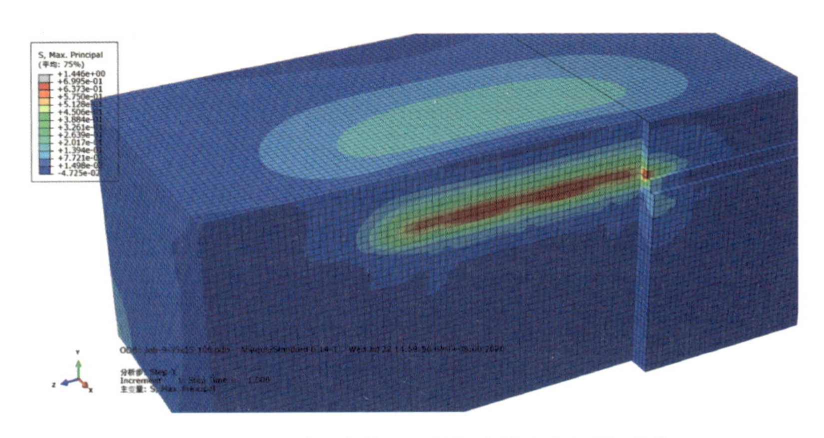

图 6-15　18.6cm 埋置深度锚固区混凝土拉应力云图(单位:MPa)

伸缩装置埋入不同深度的锚固区混凝土应力计算结果　表6-3

序号	伸缩装置埋入伸缩缝槽口深度(cm)	混凝土主拉应力(MPa)	混凝土主压应力(MPa)
1	8	1.007	1.015
2	10.8	0.9779	0.7646
3	13.6	0.8288	0.6677
4	15.8	0.7698	0.6195
5	18.6	0.6995	0.5496

根据表6-3可知,随着伸缩装置埋入伸缩缝槽口深度的增加,锚固区混凝土拉应力和压应力均呈减小的趋势,主要是由于伸缩装置埋入槽口深度增加,使锚固区混凝土传递到各方向的应力更均匀,说明锚固区混凝土整体受力性能得到改善。

对伸缩装置不同构造深度的锚固区混凝土拉应力扩展的范围进行了统计,由于预制T梁桥构造的限制,结合伸缩装置的埋置深度及锚固钢筋的设置情况,对槽口处桥面往下深度分别为10cm、14cm、18cm、30cm及40cm时混凝土的拉应力情况进行了统计,并提取槽口宽度方向为20cm、30cm、35cm、40cm及50cm时锚固区混凝土的拉应力计算结果,具体计算结果见图6-16、图6-17。

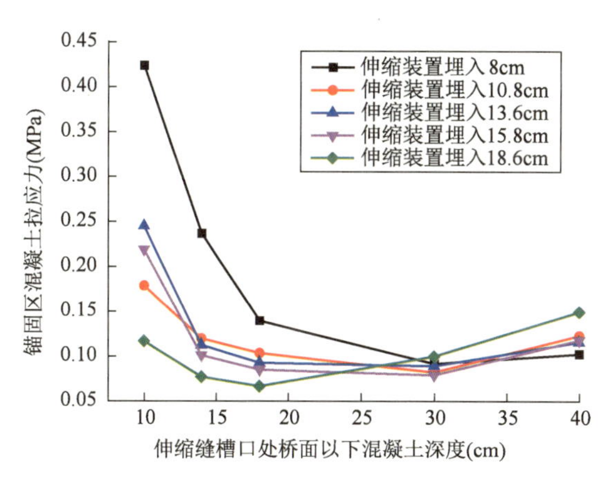

图6-16　伸缩装置埋入不同深度时沿深度方向锚固区混凝土拉应力

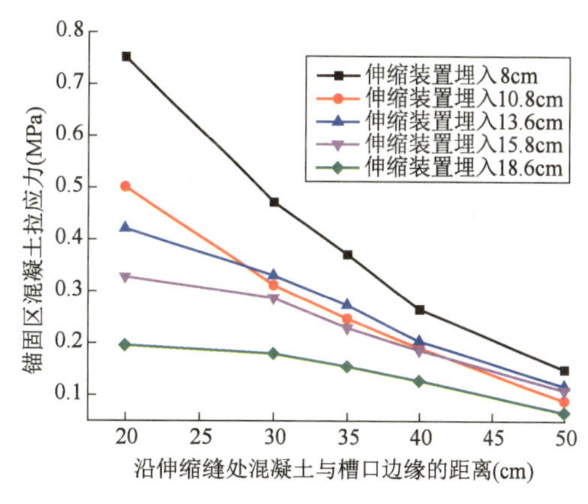

图6-17　伸缩装置埋入不同深度时沿宽度方向锚固区混凝土拉应力

由图6-16可知,伸缩装置埋入深度对锚固区混凝土受力影响较大,槽口下10cm处混凝土拉应力相对较大,但是随着锚固区混凝土深度的不断增加,其影响越来越小,当达到一定深度时,混凝土拉应力增加不明显,趋于稳定。本次计算对象为单缝式伸缩装置,当槽口处混凝土深度达到20cm,不同埋入深度的伸缩装置对应位置的伸缩缝锚固区混凝土拉应力较小,槽口处混凝土深度继续由20cm增加至40cm,混凝土拉应力趋于平缓变化,基本处于0.15MPa以下。当槽口尺寸深度达到40cm以上时,不但影响主梁预应力的布置,还要求进一步增加伸缩缝处翼缘板厚度。在预制梁体伸缩缝处设置槽口时应将槽口尺寸界限设置在应力较小的位置,以降低新旧混凝土处发生病害的概率。因此,从受力方面考虑,建议单缝式伸缩装置埋置构造深度设计宜尽量深,埋置深度可取15~18cm,伸缩缝槽口的最佳构造深度设计尺寸宜取20~40cm,一般情况在满足伸缩装置安装要求的条件下建议取30cm。

由图6-17可知,沿伸缩缝槽口宽度方向(顺桥向)对锚固区混凝土拉应力变化非常显著,随着与伸缩装置边梁距离的增加,混凝土的拉应力越来越小,呈直线下降趋势。针对本次计算采用该锚固方式的单缝式伸缩装置,但当槽口处与伸缩装置边梁距离达到30cm时,锚固区混凝土的值在0.2~0.5MPa之间;当槽口处与伸缩装置边梁距离达到40cm时,锚固区混凝土的值在0.15~0.3MPa之间;当槽口处与伸缩装置边梁距离达到50cm时,锚固区混凝土的值在0.05~0.18MPa之间。根据上述计算结论,同样在预制梁体伸缩缝处设置槽口时应将槽口尺寸界限设置在应力较小的位置,以降低新旧混凝土处发生病害的概率。因此,结合预制梁构造尺寸及预应力筋布置要求等因素,建议伸缩缝槽口宽度开槽尺寸取值宜为40~50cm。

综上所述,根据伸缩缝锚固区混凝土受力性能的计算分析结果,认为对单缝式伸缩装置的埋置深度宜取18cm左右,需要开槽时建议槽口尺寸在深度方向宜取20~40cm,伸缩缝槽口宽度开槽尺寸宜取40~50cm。

6.3 预制T梁桥伸缩缝槽口构造优化措施

6.3.1 单缝式伸缩缝槽口构造优化

1)伸缩缝端部构造优化措施

对未设伸缩缝槽口的预制T梁80型伸缩缝处翼缘板进行加厚,设置了混凝土矩形浇筑横梁,并加强了横向钢筋的布置,如图6-18所示。预制T梁伸缩缝端部翼缘板加厚后可提高原设计的梁端刚度,同时为伸缩缝预埋钢筋提供更好的锚固条件。

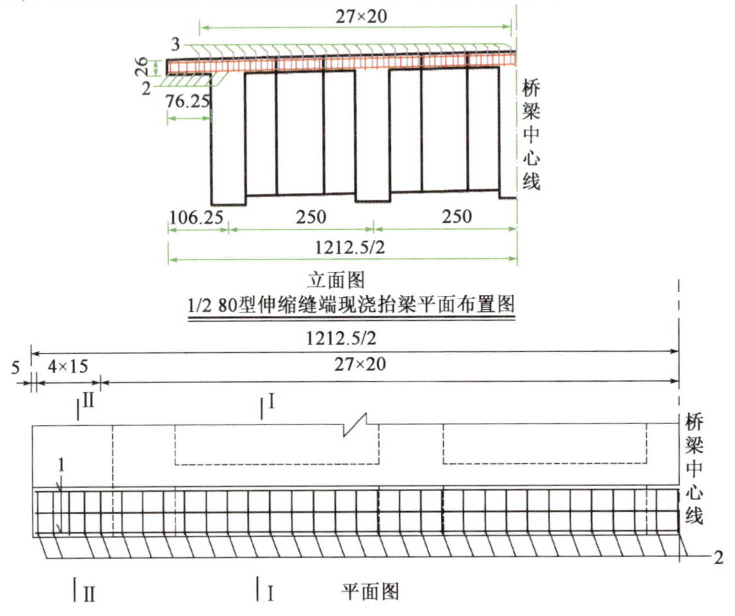

图6-18 预制T梁伸缩缝梁端构造措施优化示意图(尺寸单位:cm)

1-横穿钢筋;2-环形钢筋;3-伸缩缝预埋筋

2)预制T梁构造优化前后受力分析

以山区某高速公路为研究对象,双向四车道,每跨40m,其桥形布置如图6-19所示,其主要技术指标如表6-4所示。

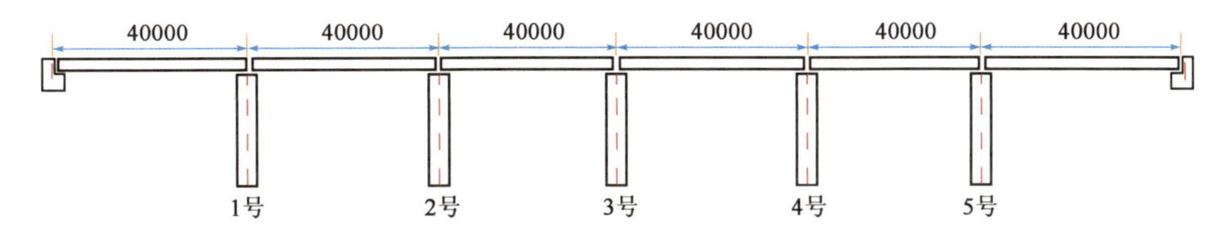

图6-19　桥形布置图(尺寸单位:mm)

主要技术指标　表6-4

公路等级	高速公路
路基宽度(m)	24.5(整体式路基),2×12.25(分离式路基)
汽车荷载等级	公路—Ⅰ级
行车道数	双向四车道
桥面宽度(m)	2×净11.125(整体式路基)、净11.25(分离式路基)
跨径(m)	40
单幅桥梁片数	5
预制梁长(m)	中跨为39.2、边跨为39.52
预制梁高(m)	2.5
设计安全等级	一级

主梁采用T形钢筋混凝土梁,采用C50混凝土。横向采用横隔板连接,横向单幅由5片T梁组成,主梁标准横断面如图6-20所示。目前预制T梁160型伸缩缝处设置了槽口,T梁翼缘板做了加强处理,而对于80型伸缩缝通常不设槽口,伸缩缝处梁端翼缘板也未做加强处理。荷载根据《公路桥梁伸缩装置设计指南》(JTQX-2011-12-1)有关规定取值,在进行荷载组合时,此处按《公路桥涵设计通用规范》(JTG D60—2015)规定汽车荷载的分项系数为1.8(采用车辆荷载计算)。为说明本次构造优化措施的合理性,按照表6-4中的参数建立了优化前后模型进行对比。梁端构造优化前后80型伸缩缝的槽口混凝土的应力计算结果如表6-5所示。

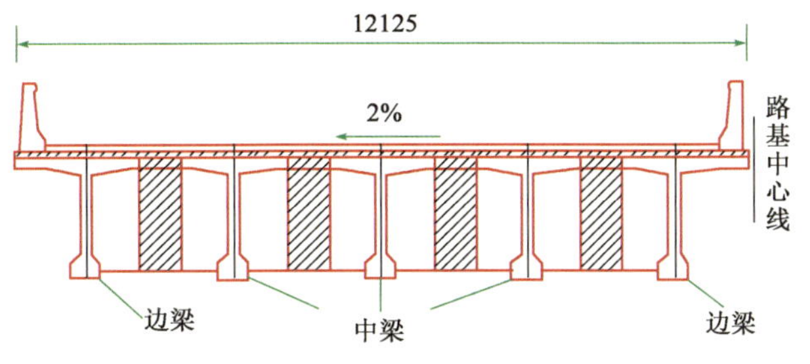

图6-20　主梁标准横断面(尺寸单位:mm)

80 型伸缩缝处混凝土应力 表 6-5

序号	类型	最大拉应力(MPa)	C50 设计容许拉应力(MPa)
1	优化前	3.83	1.83
2	优化后	1.70	

据表 6-5 和图 6-21、图 6-22 可知,80 型伸缩缝在构造优化处理前槽口混凝土最大拉应力为 3.83MPa,远超过 C50 混凝土极限拉应力,说明目前 T 梁伸缩缝通用图的构造设计已不再满足现行规范的要求,迫切需要对 T 梁伸缩缝槽口混凝土的构造设计进行优化改进。构造优化处理后槽口混凝土最大拉应力显著减小,约为优化前的 0.45 倍,且小于 C50 混凝土的极限拉应力,说明针对预制 T 梁 80 型伸缩缝处梁端构造提出的优化措施能满足设计要求。

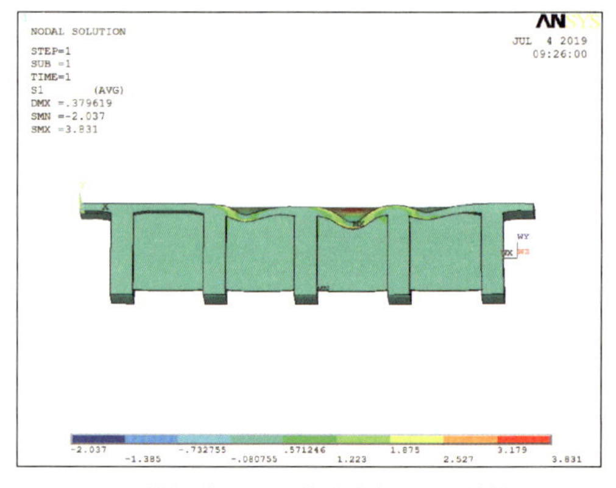

图 6-21 优化前混凝土应力变化云图(单位:MPa)

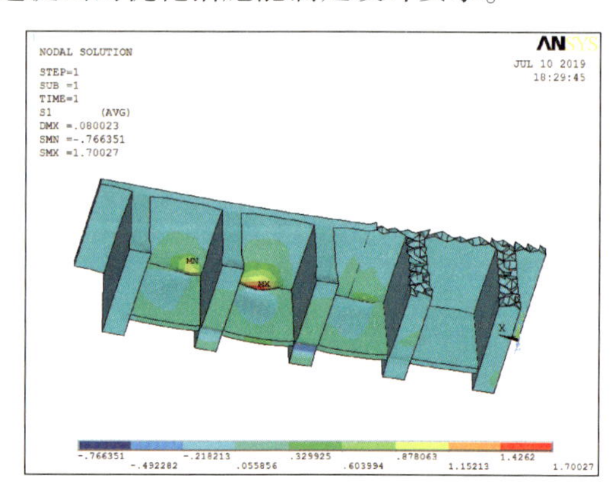

图 6-22 优化后混凝土应力变化云图(单位:MPa)

6.3.2 D160 伸缩缝槽口构造优化与分析

1) 伸缩缝端部构造优化措施

对预制 T 梁 160 型伸缩缝处构造进行分析,伸缩缝设置于相邻两 T 梁形成的槽口处,该位置容易出现应力集中现象,不利于梁体受力。为了改善其受力,可在 T 梁槽口翼缘处设置一定尺寸的渐变段,如图 6-23 所示,其中虚线为原设计尺寸,BC 斜线为拟采取的渐变处理措施,A 点为原设计直角尖点,B 点和 C 点分别为渐变处理的开始点和结束点。

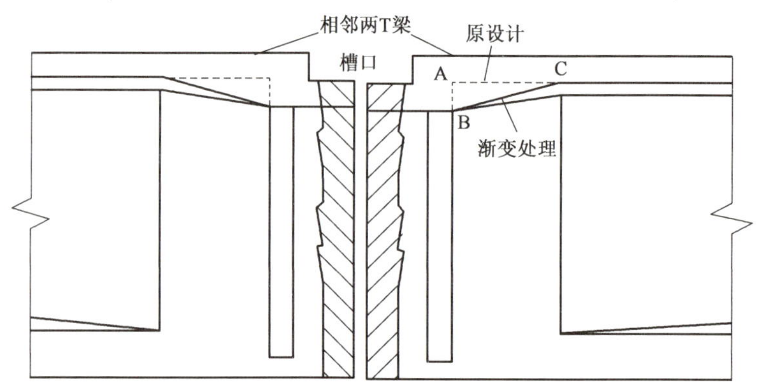

图 6-23 伸缩缝槽口相对位置

2）预制 T 梁构造优化前后受力分析

预制 T 梁 80 型伸缩缝处和 160 型伸缩缝处翼缘板局部构造加厚处理出现突变，在汽车冲击荷载下更容易使混凝土出现拉应力而开裂，为了分析突变产生应力集中对预制 T 梁结构受力的影响，对 160 型伸缩缝槽口加渐变处理和不加渐变处理建立数值模拟进行了计算，局部构造优化前后的计算结果如表 6-6 所示，其中 B 点和 C 点分别为图 6-24 中的渐变开始点和渐变结束点。

由表 6-6 计算结果可知，对槽口混凝土进行渐变处理后，槽口混凝土在各个工况下的最大拉应力均小于不加渐变处理时的最大拉应力，预制 T 梁构造优化后混凝土的最大拉应力值再次由优化前的 1.7MPa 减小到 1.28MPa。

160 型伸缩缝槽口混凝土拉应力计算结果　　表 6-6

序号	类型	工况加载位置	最大拉应力（MPa）	C50 设计容许拉应力（MPa）	能需比
1	不加渐变处理	B 点	0.59	1.83	3.10
		A 点	1.70		1.08
2	加渐变处理	B 点	0.37		4.95
		C 点	1.28		1.43

预制 T 梁构造优化前后的应力云图如图 6-24 所示。由图可知，在最不利工况荷载作用下，构造优化前预制 T 梁的最大拉应力出现在截面突变处，构造优化后预制 T 梁的最大拉应力出现在 C 点附近，且拉应力最大值明显变小。总体上看，局部构造采用渐变处理后，T 梁混凝土整体应力约为优化前的 70% ~80%，预制 T 梁伸缩缝处混凝土受力状况得到明显改善。

对比图 6-21 及图 6-24a）中的应力计算结果，可以发现 80 型伸缩缝最不利荷载作用下混凝土拉应力为 3.83MPa，远大于 C50 混凝土设计容许拉应力。相较于 80 型伸缩缝，160 型伸缩缝处混凝土最大拉应力为 1.7MPa，满足 C50 混凝土设计要求，说明 80 型伸缩缝槽口处混凝土比 160 型伸缩缝更易破坏，这也与调研实际情况相符。

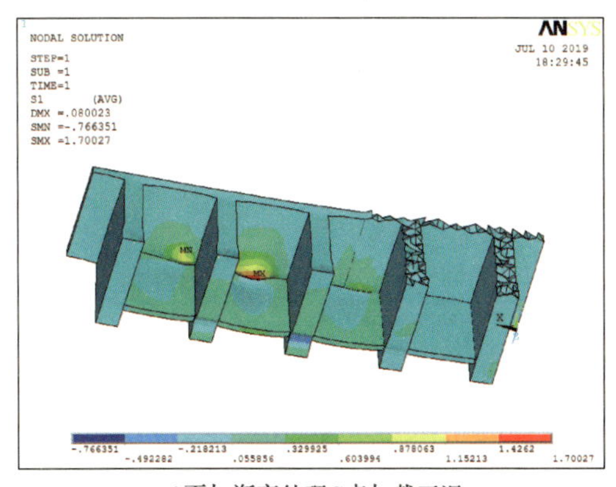

a)不加渐变处理C点加载工况

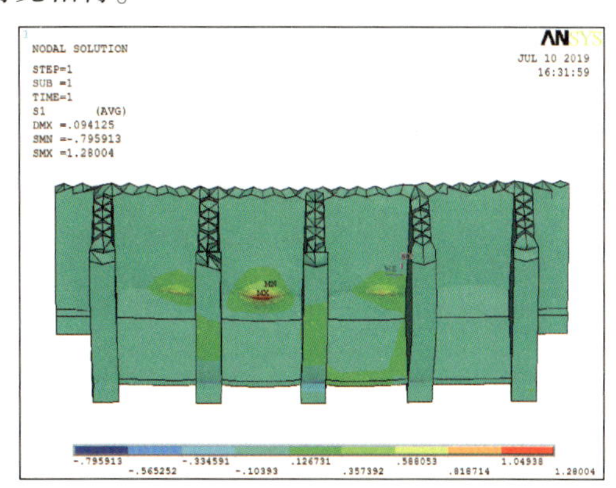

b)渐变处理后C点加载工况

图 6-24　预制 T 梁伸缩缝槽口混凝土拉应力分布图（单位：MPa）

因此,结合相关研究成果,建议在预制T梁通用图设计中对预制T梁80型、160型伸缩缝处采用相同的构造,即对梁端翼缘板进行加厚和对翼缘板处突变截面进行渐变处理,并将伸缩缝槽口尺寸统一设置为50cm(长度)×40cm(深度)。

6.4 预制桥梁伸缩缝槽口的施工优化

6.4.1 伸缩缝槽口施工工艺优化

1)预制混凝土T梁

在预制T梁施工阶段,在160型伸缩缝处梁端预留封锚端,并预留槽口处支承横梁混凝土暂缓浇筑,待后期主梁架设后再制作伸缩缝槽口并预埋钢筋,T梁预制情况如图6-25所示。

图6-25 预制T梁160型伸缩缝梁端构造图片

2)T梁吊装与架设

首先,预先对梁头进行凿毛处理并按设计要求绑扎焊接封锚端钢筋。其次,对梁片实体、预埋钢筋、预拱度等进行全面检测,检测合格后进行架设施工。利用双导梁架桥机将T梁吊装和安装就位后,严格按照设计支座位置安设梁片,保证梁片位置准确,完成T梁的架设后如图6-26所示。

3)湿接缝现浇施工

梁片架设调整完毕后,要及时完成横隔梁与湿接缝的浇筑施工,使整孔多片T梁形成整体。当整联桥梁的湿接头浇筑完成并达到设计强度后,进行负弯矩处预应力束的张拉注浆工作,然后浇筑桥面板的接缝混凝土。在一联的所有湿接缝混凝土完成后,进行体系转换,完成结构由简支变连续的施工,如图6-27所示。

图6-26　T梁吊装与架设

4)桥面现浇层施工

桥面现浇层的施工,一般采用如下施工工艺流程:凿除浮渣、清洗梁板顶面→精确放样→钢筋安装→安装模板→浇筑混凝土→刷毛→养生→勾缝。需要注意的是,混凝土浇筑时间放在早晨或傍晚为佳,桥面铺装底层分两次浇筑。振捣时首先采用振动棒与平板振动器共同将混凝土摊铺平整,再采用振动梁振捣密实并初平,滚杆顺桥向滚压混凝土面,同时密切注意混凝土面是否与滚杆严密接触。然后,用铝合金直尺沿横桥向拉动混凝土面,并均匀地向前滑移尺杆,同时由专人检查尺杆与面层的接触情况,由熟练工人在其后做精平及混凝土质量检查。精平后,待混凝土稍硬,可用手指感觉,进行面层的拉毛工作,拉毛采用塑料丝扫把顺横桥向进行,往返各一次,深度控制在1~2mm。拉毛后用手指感觉,待混凝土面硬结后,用土工布覆盖洒水,养护时间不少于10d。施工照片如图6-28所示。

图6-27　湿接缝现浇施工

图6-28　桥面现浇钢筋安装

5)T梁横隔梁及封锚端施工

首先对梁头的钢筋进行清污、除锈处理,应采用竹胶板、横竖向支承以及方木条作为模板的主要材料。其次绑扎封锚端钢筋骨架,为使封锚端与梁体形成整体,需要将梁体在封锚端的预留钢筋与封锚端钢筋进行绑扎,便于后续封锚端混凝土的浇筑。然后,浇筑封锚端,待封锚端钢筋绑扎完成后,即可浇筑封锚端混凝土(图6-29)。

a)未封锚

b)封锚完成

图 6-29 T 梁未封锚与封锚完成图

6)伸缩缝槽口及预埋钢筋施工

封锚端施工完毕后,即可对伸缩缝处梁端横梁及预埋钢筋进行施工。特别要注意的是,在伸缩缝处梁端横梁及预埋钢筋施工过程中,主要从以下两个方面进行施工质量控制:

(1)预埋钢筋施工质量控制。在预埋钢筋施工过程中,要保证预埋钢筋定位精准、尺寸统一、间距合理,且预埋深度要满足相关技术要求,否则会影响后期伸缩装置的安装质量,进而影响行车舒适度、伸缩缝耐久性等问题。

(2)槽口混凝土施工质量控制。在进行伸缩缝槽口处支承横梁混凝土浇筑时,一定要保证槽口混凝土的施工质量,只有控制好此部分混凝土的施工质量,才能保证伸缩缝周围混凝土在使用过程中不过早发生剥落、开裂等病害。

首先定位与焊接预埋筋,然后绑扎槽口处支承横梁所需钢筋,即可现浇混凝土,形成伸缩缝槽口。为了提高现场预埋钢筋的施工精度和施工效率,施工过程中采用了专门用于伸缩缝槽口预埋钢筋定位的胎膜架,如图 6-30 所示。

图 6-30 伸缩缝预埋筋胎膜架施工

具体实施方法：待伸缩缝槽口混凝土底模安装完成后，将胎膜架安放于伸缩缝槽口两边，在胎膜架的辅助下定位环形预埋钢筋，定位完成后穿插横向固定钢筋并将横向钢筋与环形预埋钢筋点焊固定，待胎膜架长度范围内的预埋筋施工完毕，沿着槽口方向移动，继续下一段槽口预埋钢筋的施工，然后在安装侧向模板浇筑伸缩缝槽口处支承横梁混凝土。伸缩缝槽口施工完成后效果见图6-31。

图6-31 伸缩缝槽口及预埋筋施工

6.4.2 伸缩缝槽口的保护措施

1）设置临时过缝装置

由于单缝式伸缩缝槽口处预埋钢筋通常会高出混凝土梁顶面，当施工车辆通过时，会压弯或压屈预埋钢筋，影响后期伸缩装置的安装。同时，由于施工期间缺少桥面排水设施，桥面积水容易沿着桥梁流入梁端间隙，影响梁端支座的耐久性，尤其是钢球形支座。因此，应在此期间采取措施防止桥面积水流向梁端间隙，使桥面积水沿着设计的泄水孔等设施排出，并采取合理的措施保障施工期间工程车辆通过的同时保护伸缩缝预埋钢筋不受其影响。针对上述问题可采取以下处理措施：在伸缩缝梁端间隙处设置土工布，防止桥上杂物和石屑落入间隙，并在距离梁端间隙附近沿着横桥向用砂浆或混凝土做好一道条形块，阻挡桥面积水流入梁端间隙，如图6-32所示。在此期间，主要通过的车辆包括运梁车、混凝土罐车、泵车等工程车辆，但伸缩缝槽口和封锚混凝土均未浇筑，此时梁端间隙较大，可以采用设置临时通过装置的方法对伸缩缝预埋钢筋进行保护。

2）搭设临时钢板或方木

多缝式伸缩缝由于设置了槽口，在施工中采用槽口及预埋筋后浇筑的施工工艺。在槽口未施作之前,分联墩伸缩缝处的间隙相对较大,与单缝式伸缩缝处一样,运梁车、混凝土罐车、泵车等工程车辆需要通过分联墩梁端间隙。若不采取措施,则桥面积水顺着梁端间隙流入分联墩间隙,而且梁端间隙宽度太大,若无相应措施则不允许工程车辆通过,可设置临时过缝装置。若伸缩缝槽口和预埋钢筋施工完成,则可采取搭设钢板或方木的方法(图6-33),或继续采用临时过缝装置,确保施工车辆安全通过。同时,在桥面上设置混凝土条形块,防止施工期间桥面积水流入梁端间隙。

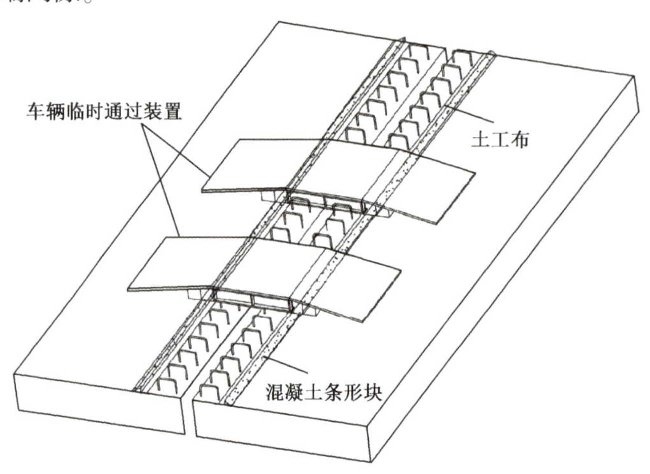

图6-32　80型伸缩缝预埋筋附近设置临时通过装置

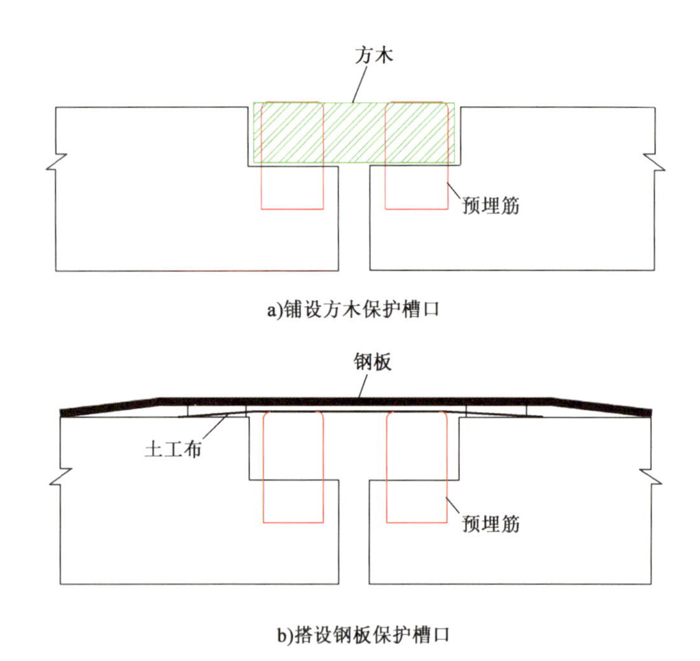

图6-33　多缝式伸缩缝梁端槽口搭设方木或钢板

3)设置临时伸缩缝

为了便于后期沥青混凝土的施工,在槽口施工完成后至沥青混凝土桥面摊铺前,应设置临时伸缩缝。临时伸缩缝可在槽口底部设置木板、泡沫板,并铺设土工布。不建议采用低标号混凝土作为临时伸缩缝。有的施工单位采用低标号混凝土填充临时伸缩缝(图6-34),然而增加后期安装伸缩装置时的开槽难度,需全部凿除低标号混凝土,影响施工效率。建议采用二灰砾石、细石子填充临时伸缩缝,后期伸缩装置安装反开槽时,仅需将槽内砾石、碎石取出,施工高效便捷,切开后的临时伸缩缝如图6-35所示。

图6-34　采用低标号混凝土制作的临时伸缩缝

图6-35　采用二灰砾石、细石子制作的临时伸缩缝

第7章

CHAPTER 7

桥梁伸缩缝锚固区高性能混凝土的研制与应用

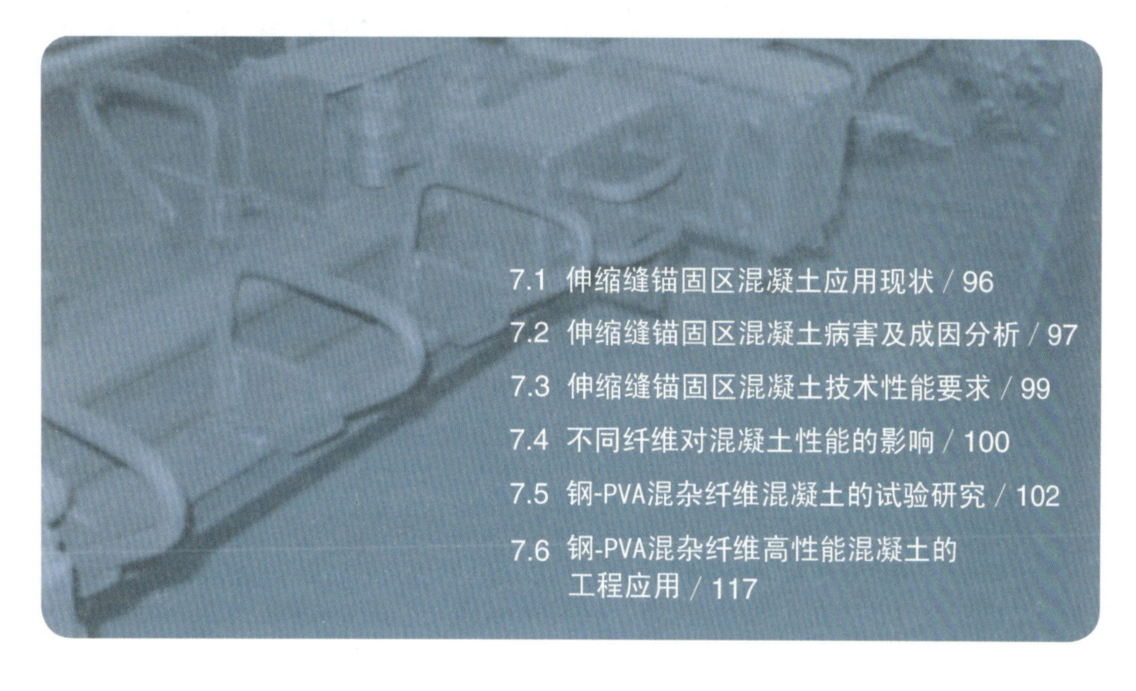

7.1 伸缩缝锚固区混凝土应用现状 / 96

7.2 伸缩缝锚固区混凝土病害及成因分析 / 97

7.3 伸缩缝锚固区混凝土技术性能要求 / 99

7.4 不同纤维对混凝土性能的影响 / 100

7.5 钢-PVA混杂纤维混凝土的试验研究 / 102

7.6 钢-PVA混杂纤维高性能混凝土的工程应用 / 117

7.1 伸缩缝锚固区混凝土应用现状

国外桥梁专家近年来对桥梁伸缩缝破坏情况进行了大量的数据统计分析，对桥梁伸缩缝破坏成因进行了大量的研究调查。美国统计数据显示，在部分功能失效的桥梁中，一半以上是伸缩缝导致的。美国印第安纳州及其周围各州对伸缩装置破坏进行过深入研究，认为过渡区混凝土破坏是桥梁伸缩装置破坏的重要原因。

目前我国工程中普遍应用的桥梁伸缩缝锚固区混凝土类型主要有普通混凝土（如C50及以上强度等级）、聚丙烯混凝土、钢纤维混凝土和环氧树脂混凝土几类，研究人员对上述几种混凝土的性能开展过较深入的研究，也开展了工程应用实践，从应用效果看，几种混凝土各自具备一定的优势，但也存在一些缺陷。

普通混凝土是以水泥和水作为主要胶凝材料，将砂、石子、外加剂和矿物掺合料按适当比例均匀搅拌、密实成型及养护硬化而成的复合材料，属脆性材料，抗压强度高，但抗折、抗冲击能力差。因桥梁伸缩缝锚固区混凝土的工作环境是直接承受车轮载荷的反复冲击作用，对材料的抗折和抗冲击性能要求较高，普通混凝土难以承受这种工作环境，故其破损率和维修率很高。

钢纤维混凝土是在普通混凝土中掺入乱向分布的短钢纤维所形成的一种新型复合材料。乱向分布的钢纤维能够有效抑制混凝土微裂缝的扩展及宏观裂缝的形成，可提升混凝土的抗拉、抗弯、抗冲击及抗疲劳性能。与普通混凝土相比，钢纤维混凝土抗拉强度提高40%～80%，抗弯强度提高60%～120%，抗剪强度提高50%～100%。钢纤维混凝土因其优越的抗拉、抗弯、抗冲击及抗疲劳性能已成为目前桥梁伸缩缝锚固区混凝土的主流选择，应用范围最广，应用比例最大。目前桥梁伸缩缝锚固区应用最多的是钢纤维混凝土，但也存在一些问题，钢纤维掺用量较大，使混凝土的和易性和流动性下降，由于伸缩缝槽口空间和体积狭小，混凝土施工质量不易控制。

环氧树脂混凝土是以环氧树脂、固化剂、助剂及填料作为胶黏剂，以砂、石子作为集料，经混合成型、固化而成的一种复合材料，这种材料强度高、韧性好、抗冲击强度大，耐化学腐蚀、耐磨、耐水和抗冻性能良好，与金属和非金属材料黏结强度高，弥补了水泥混凝土抗拉强度低、抗拉应变小、抗裂性小、脆性大等缺点。固化后的环氧树脂混凝土对大气、潮湿、化学介质、细菌等都有很强的抵抗力。作为桥梁伸缩缝锚固区混凝土，环氧树脂混凝土性能优势很明显，但由于技术较复杂、造价较昂贵，应用环氧树脂混凝土增加了施工成本，环氧树脂混凝土应用数量和范围还相当有限，仅在伸缩缝修复和更换中有应用。环氧树脂混凝土与钢纤维混凝土和普通混凝土相比，虽然具有较好的抗折和抗冲击性能，但环氧树脂胶黏剂本身脆性较大，必须对其进行增韧改性，才能提高其抗冲击性能。环氧树脂混凝土因技术难度较大，成本较昂贵，目前在桥梁伸缩缝锚固区混凝土中推广难度较大,应用较少。

聚丙烯纤维属于合成纤维的一种,通常是指采用聚丙烯(PP)均聚物制成的纤维材料。聚丙烯纤维作为一种良好的混凝土增强材料,可以从多方面提升混凝土的整体性能,包括力学性能、抗冻性能、耐疲劳性和抗渗性能等。相较于其他合成纤维,聚丙烯纤维具有更好的耐化学性、良好的加工性、密度小、加工方便等特点,此外还具有良好的经济性,在桥梁伸缩缝锚固区混凝土中得到广泛的应用。聚丙烯纤维在桥梁伸缩缝锚固区混凝土中的实际应用效果不太理想,根据调研情况也发现聚丙烯纤维应用于伸缩缝锚固区混凝土时破坏现象普遍存在。

为了提高桥梁伸缩缝锚固区混凝土的使用寿命,降低桥梁伸缩缝的维修或更换频率,国内外科研工作者都在采用各种途径改进桥梁伸缩缝锚固区混凝土的综合性能,研究方向集中在以下几个方面:

(1)研发聚合物改性钢纤维混凝土技术,以提高混凝土的抗折性能、抗冲击性能和界面黏结力。

(2)开发高性能混凝土界面黏结剂,以提高钢纤维混凝土或普通混凝土与各黏结界面的黏结力。

(3)探索快速维修用混凝土技术,以提高混凝土修复效率,缩短开放交通时间,保证公路通畅,提高其经济社会效益。

(4)提高混凝土增韧改性技术的实用性,如采用聚氨酯、聚酯、端羧基丁腈橡胶等可直接参与固化反应的液体聚合物改性材料作为增韧剂,或采用橡胶颗粒和橡胶粉作为填充料直接增韧改性,简化改性工艺,提高改性技术的可控性。

7.2 伸缩缝锚固区混凝土病害及成因分析

7.2.1 伸缩缝槽口混凝土病害调研

根据贵州省公路桥梁伸缩装置的使用情况,许多桥梁伸缩装置往往还没达到设计年限就产生了不同程度的损坏,普遍存在桥梁伸缩缝槽口处混凝土破坏的现象。80 型伸缩缝锚固区混凝土破坏的现场图片如图 7-1 所示,160 型伸缩缝锚固区混凝土破坏的现场图片如图 7-2所示。公路桥梁伸缩缝锚固区混凝土病害主要有混凝土断裂、网裂、剥落以及混凝土与桥梁主体结构、桥面沥青混凝土铺装层发生脱粘分离等几种类型,伸缩缝槽口混凝土的破坏和伸缩装置型钢断裂发生的部位基本上位于车道范围内,很少发生在伸缩缝两端。总体看来,80 型伸缩缝槽口混凝土的破坏现象比 160 型严重,伸缩缝槽口混凝土破坏基本上伴随着伸缩装置型钢断裂的病害。

图 7-1　80 型伸缩缝锚固区混凝土破坏

图 7-2　160 型及以上伸缩缝锚固区混凝土破坏

7.2.2　伸缩缝槽口混凝土破坏原因分析

伸缩缝锚固区混凝土的功能主要通过以下两个方面来体现：

(1)将梁端伸缩装置与主梁通过过渡区混凝土有效锚固在一起，使伸缩装置、过渡区混凝土和主梁板三者黏结成为一个复合整体，共同受力，有效传递荷载，将梁端的伸缩装置受到的冲击能量通过过渡区混凝土传递给主梁结构和桥面铺装层，降低伸缩装置所受冲击，能减少或避免其发生冲击破坏。

(2)伸缩装置的型钢弹性模量相对较高，而沥青混凝土铺装层的弹性模量则相对较低，将梁端伸缩装置与桥梁铺装层这两种弹性模量差异较大的材料通过过渡区混凝土紧密黏结在一起，保证桥面的平整度和一体化，达到材料模量均匀过渡的目的，共同承受轮胎载荷对伸缩装置的冲击作用，有效传递和吸收冲击能量。

根据初步分析，桥梁伸缩缝槽口处混凝土的性能对于保证伸缩缝的可靠性和耐久性起着关键的作用，实际很多伸缩缝的锚固钢筋和梁体预埋钢筋通过搭焊或点焊钢筋连接，连接效果较弱。伸缩缝槽口混凝土的破坏后削弱甚至消除了损坏处混凝土对伸缩装置的约束，在车辆反复冲击荷载作用下，伸缩缝钢筋发生变形，加剧槽口混凝土的破坏，同时伸缩装置型钢松动变形，引起了伸缩装置型钢的断裂。长期以来上述病害都被视为伸缩缝的质量通病，一直未能

得到有效解决。相关研究从结构受力和材料性能等角度对伸缩缝槽口混凝土破坏成因进行了分析,得出以下结论:

(1)混凝土断裂病害一般发生在顺桥方向上,且是众多病害类型中破坏形式最严重的一种。其产生的主要原因是由于桥台两侧不均匀沉降所引发的局部应力集中以及车辆轴重等反复作用,根本原因则是过渡区混凝土的断裂韧性严重不足。

(2)混凝土网裂病害一般伴随其他类型的病害共同发生,且主要发生在使用初期。其主要是由于在施工过程中,因混凝土振捣不密实产生了大量蜂窝、孔洞等造成的。此外,在后期使用过程中,混凝土温度变形、干缩变形以及车辆轴重反复碾压等均会提高这种病害发生的概率。

(3)混凝土剥落病害产生的原因较为复杂:一是其材料性能自身方面的原因;二是桥梁伸缩缝结构服役环境条件方面的原因,如混凝土自身抗冲击能力不足、车辆反复冲击等。

(4)混凝土脱粘分离病害产生的原因主要有:一是混凝土自身结构不稳定,使用过程中容易发生收缩、徐变等;二是过渡区混凝土与主梁、桥面沥青混凝土铺装层之间的黏结不牢固。

随着桥梁建筑材料的不断发展,纤维混凝土在桥梁伸缩缝槽中逐渐得到应用。目前桥梁伸缩缝槽口应用最多的是钢纤维混凝土,但也存在一些问题,钢纤维掺用量较大,使混凝土的和易性和流动性下降,由于槽口空间和体积狭小,混凝土施工质量不易控制。聚丙烯纤维也是一种常用的槽口混凝土材料,设计时一般要求掺入量为1.0kg/m^3,但是据现场施工反映,这个掺入量过小,添加应用效果不太理想。对于小空间的伸缩缝槽口,应用自密实混凝土施工较为方便,但其抗拉性能不如纤维混凝土。一般的混凝土砂浆与面层采用沥青混凝土(即与桥面铺装保持一致)已在大型伸缩缝槽口中有应用,但对小型伸缩缝槽口可能不太适用。应用环氧树脂混凝土增加了施工成本,其耐久性和经济性也值得进一步探讨。可见,伸缩缝槽口混凝土应用中还存在许多亟待解决的问题,有必要对伸缩缝槽口混凝土进行专门研究。

7.3　伸缩缝锚固区混凝土技术性能要求

桥梁伸缩缝相关标准缺乏对桥梁伸缩缝锚固区混凝土的一些具体性能和指标要求,设计中通常也没有明确相关要求,仅要求混凝土强度等级在C50以上。根据《普通混凝土拌合物性能试验方法标准》(GB/T 50080—2016),伸缩缝槽口混凝土重要的技术指标应包括工作性能(坍落度和扩展度)、自收缩性、抗裂性、抗压强度、抗折强度、断裂性韧性和抗冲击性等。根据《公路桥梁支座和伸缩装置养护与更换技术规范》(JTG/T 5532—2023),伸缩装置锚固区材料选用应符合抗裂要求规定,宜选用早强、抗裂性能好的混凝土材料。《公路桥涵施工技术规范》(JTG/T 3650—2020)也未对桥梁伸缩缝槽口处混凝土提出具体的施工要求。相关标准对桥梁伸缩缝锚固区混凝土的要求很笼统，除了对抗压强度有要求外，对其他性能和技术指标没有提出明确要求，这也是桥梁伸缩缝锚固区混凝土病害频发的重要原因。考虑到桥梁伸缩缝槽口混凝土与普通梁体混凝土有差别，目前采用较多的有钢纤维混凝土及聚丙烯混凝土等，对桥梁伸缩缝槽口混凝土的要求可参考《纤维混凝土结构技术规程》(CECS 38:2004)及《钢纤维混凝土》(JG/T 472—2015)等标准提出混凝土的具体要求，槽口混凝土的抗折强度等技术指标可依据《公路水泥混凝土路面设计规范》(JTG D40—2011)的确定。

综上所述，伸缩缝槽口混凝土的技术性能要求应结合其破坏的原因及结构受力性能特点，要求配制的槽口混凝土在自收缩性、抗裂性、断裂性、韧性和抗冲击性方面具有优异的表现。

7.4 不同纤维对混凝土性能的影响

为了研究不同纤维对混凝土性能的影响，分别将钢纤维、聚乙烯醇(PVA)纤维、聚丙烯(PP)纤维和玄武岩纤维进行了单掺或混掺，A-1、A-2、A-3、A-4、A-5、A-6的纤维体积掺量分别为：0.75%钢纤维+0.3% PVA纤维、0.75%钢纤维、1.5%钢纤维、0.3% PVA纤维、0.3% PP纤维和0.3%玄武岩纤维，详细配合比如表7-1所示。

不同种类纤维混凝土的配合比(单位：kg) 表7-1

编号	水泥	粉煤灰	砂	石	减水剂	水	长钢纤维	短钢纤维	PVA纤维	PP纤维	玄武岩纤维
A-1	408	72	966	791	6.24	163	39	19.5	3.9	—	—
A-2							39	19.5	—	—	—
A-3							78	39	—	—	—
A-4							—	—	3.9	—	—
A-5							—	—	—	2.73	—
A-6							—	—	—	—	9

测试结果见表7-2，当钢纤维掺量为1.5%时，混凝土的性能均得到进一步提高。当单掺PVA纤维、PP纤维和玄武岩纤维时，性能基本上均低于混掺0.75%钢纤维和0.3% PVA纤维组成的高性能混凝土。根据试验结果，就单掺纤维说来，PP纤维混凝土综合性能最差，玄武岩纤维性能和PVA纤维混凝土次之，钢纤维表现出的性能最好。但是随着钢纤维掺量的增加，混凝土的材料成本将成倍增加，同时易出现一系列问题，如钢纤维腐蚀生锈、易结团、磨损机械、影响混凝土工作性能等。因此，从经济性和有利于施工控制的角度考虑，钢纤维的掺量不宜太大。

不同纤维对混凝土性能的影响　表 7-2

编号	长钢纤维(kg)	短钢纤维(kg)	PVA 纤维(kg)	PP 纤维(kg)	玄武岩纤维(kg)	抗压强度(MPa)	抗折强度(MPa)	断裂韧性	抗冲击性能
A-1	39	19.5	3.9	—	—	69.8	10.9	20.2	16
A-2	39	19.5	—	—	—	66.7	10.7	19.2	14
A-3	78	39	—	—	—	72.3	12.5	23.2	25
A-4	—	—	3.9	—	—	64.7	10.3	19.1	12
A-5	—	—	—	2.73	—	62.0	10.4	18.2	11
A-6	—	—	—	—	9	65.9	10.1	18.7	13

近十年来,纤维混凝土特别是钢纤维混凝土已经取得了长足的发展,其优良的力学结构性能受到了专家和学者的普遍认同,应用领域日益广泛。结合相关研究成果,钢纤维掺量(体积掺量)为1.5%的钢纤维混凝土与普通混凝土相比,其抗压强度提高15%,抗拉强度提高60%,抗弯强度提高90%,抗冲击性能提高300%,抗收缩性能减少20%以上。从材料发展史来看,复合化是材料发展的主要途径,尽管高性能混凝土有诸如复合胶结料、细掺料、复合外加剂,但纤维增强在复合化中占有突出的地位。当加入混杂纤维时,不同尺度与不同性质的纤维在水泥机体中形成了空间网格结构,减少了纤维间距,产生了多界面层和各界面效应范围在三维空间上的叠加强化效应,最终可优化硬化混凝土的孔、空隙结构,使孔径细化,减少表面开口气孔,降低了水、氯离子的渗透。同时,混杂纤维的掺入,增加了硬化混凝土内部孔隙、空隙的曲折性,压力水渗透贯通整个混凝土试件截面所需的压力显著增加。

针对桥梁伸缩缝开裂的问题,目前主要通过环氧树脂灌浆、快硬抢修自密实混凝土、环氧树脂混凝土对开裂的伸缩缝进行加固。研究表明,钢纤维混凝土和超高性能混凝土作为伸缩缝混凝土抗裂性更好。当钢纤维(SF)掺量为1.4%时,混凝土的抗裂性最佳,当钢纤维掺量为$60kg/m^3$时,伸缩缝混凝土的力学性能较好。相较于单掺钢纤维的超高性能混凝土,复掺钢纤维和PP纤维或PVA纤维减少了伸缩缝超高性能混凝土的裂缝。钢纤维和PVA纤维两者优势互补的效应使得混杂纤维混凝土的耐久性显著提高,混杂纤维混凝土集良好的耐久性和优越的力学性能于一体,极适用于受力复杂的桥梁伸缩缝槽口混凝土。在混杂纤维混凝土中掺加其他矿物掺合料取代一定量的水泥胶凝材料,再联合使用混凝土外加剂来提高混凝土的力学及耐久性能,将是以后混杂纤维混凝土的发展方向。研究表明,当纤维混杂时,长纤维可控制宏观裂缝,短纤维可控制微观裂缝,相较于同一种纤维,混杂纤维具有更好的裂缝控制能力。根据试验测试结果,采用钢纤维+PVA复合纤维后,其抗压强度、抗折强度、断裂韧性、抗冲击性能等均得到了不同程度的提升。因此,本书选择长短钢纤维+PVA纤维组成的钢-PVA混杂纤维混凝土作为适用桥梁伸缩缝槽口混凝土研究对象。

7.5 钢-PVA 混杂纤维混凝土的试验研究

7.5.1 试验准备工作

1) 混凝土材料优选和配制

伸缩缝槽口混凝土的原材料主要包括:

(1) 水泥:贵州三都西南水泥有限公司 P·O 42.5。

(2) 粉煤灰:贵州黔西利源。

(3) 矿粉:惠州市鼎合泰实业有限公司,S95 级。

(4) 机制砂:立宪料场 0~4.75mm。

(5) 碎石:立宪料场 1 号料 5~10mm,10~25mm。

(6) 外加剂:贵阳绿洲苑建材有限公司 LZ-J2 缓凝高效减水剂,掺量 1.3%,减水率 25%。

(7) 钢纤维:江苏苏博特新材料有限公司。

(8) PVA 纤维:江苏苏博特新材料有限公司。

(9) 水:饮用水。

2) 槽口混凝土配合比设计

槽口混凝土配合比的设计主要包括以下几个部分:

(1) 计算初步配合比。

混凝土设计强度 $f_{cu,k}=50$MPa,标准差 $\sigma=6.0$MPa,水泥混凝土配置强度 $f_{cu,0}=f_{cu,k}+1.645\sigma=50+1.645\times6=59.9$MPa。

(2) 计算水胶比。

根据《普通混凝土配合比设计规程》(JGJ 55—2011),碎石的回归系数 $\alpha_a=0.53$,$\alpha_b=0.20$,水泥的强度富余系数取 1.16。水灰比计算公式为:$(W/B)=(\alpha_a\times f_{ce})/(f_{cu,0}+\alpha_a\times f_{ce})=(0.53\times42.5\times1.16)/(59.9+0.53\times0.20\times42.5\times1.16)=0.40$,为保证混凝土强度,本书取值 0.35。

(3) 确定胶凝材料用量。

掺入纤维不利于混凝土流动性,为改善纤维混凝土的流动性,参考《混凝土结构耐久性设计标准》(GB/T 50476—2019)和《公路工程混凝土结构耐久性设计规范》(JTG/T 3310—2019),C50 耐久型混凝土胶凝材料控制在 360~480kg/m^3,C50 自密实混凝土胶凝材料控制在 450~550kg/m^3,本书取值为 480kg/m^3。减水剂掺量为 1.3%,减水剂用量为 6.24kg/m^3。

(4) 确定用水量。

已知 $W/B=0.35$,胶凝材料用量为 480kg/m^3,求得用水量为 168kg/m^3。减水剂的固含量为 20%。因此,用水量 = 168 - 6.24 × (1 - 20%) = 163.01kg/m³。

(5)根据《纤维混凝土应用技术规程》(JGJ/T 221—2010),适用于公港区道路和堆场铺面防裂、耐磨、防重载钢纤维混凝土体积率为 0.50% ~ 1.20%,选定体积率为 0.75%,为提高混凝土的韧性,另外掺入 0.3% 的 PVA 纤维。

3)胶凝材料组成设计

采用三角形正交设计混凝土组成,在此基础上进行优化,并与基准组进行性能对比,共 7 组混凝土试样,各组试样的水泥-矿渣-粉煤灰胶凝材料组成设计如图 7-3 所示。胶凝材料设计如表 7-3 所示,胶凝材料用量为 480kg/m³ 左右,砂率约为 55%,减水剂掺量约为 1.3%。

水泥-粉煤灰-矿粉胶凝材料组成设计 表 7-3

编号	胶凝材料组成(%)		
	水泥	粉煤灰	矿粉
1	100	0	0
2	70	30	0
3	70	0	30
4	85	0	15
5	85	15	0
6	70	15	15
7	80	10	10

4)原材料性能测试和评估

(1)水泥:根据《通用硅酸盐水泥》(GB 175—2007),对水泥强度进行了测试,测试结果表明,水泥的 3d 强度为 20.3MPa,28d 强度为 59.6MPa,满足规范要求。

(2)粉煤灰:根据《用于水泥和混凝土中的粉煤灰》(GB/T 1596—2017),其测试结果符合 Ⅱ 级粉煤灰的要求。

(3)矿粉:根据《用于水泥和混凝土中的粒化高炉矿渣粉》(GB/T 18046—2008),其测试结果符合 S95 级矿粉的要求。

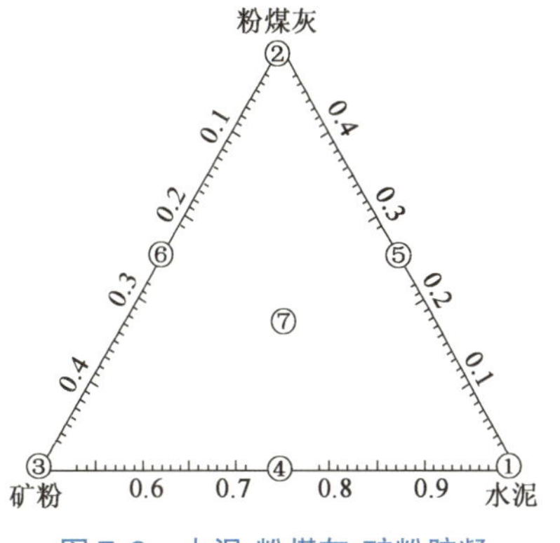

图 7-3 水泥-粉煤灰-矿粉胶凝材料组成设计

(4)机制砂:其筛分测试结果见表 7-4,细度模数为 4.6,超过了规范要求。其中 2.36 ~ 4.75mm粒径范围的颗粒含量超标,150 ~ 300μm 粒径范围的颗粒含量偏少,小于 150μm 的颗粒含量严重超标,这将引起混凝土泌水离析等。

机制砂的筛分结果 表 7-4

编号	粒径	累计筛余(%)	规范要求筛余(%)
A1	9.5mm	0.00	0
A2	4.75mm	5.32	0 ~ 10

续上表

编号	粒径	累计筛余(%)	规范要求筛余(%)
A3	2.36mm	33.59	0~25
A4	1.18mm	49.10	10~50
A5	600μm	59.34	41~70
A6	300μm	71.25	70~92
A7	150μm	78.12	90~100
A8	小于150μm	100.00	—

(5)碎石:粒径处于5~10mm和10~25mm的颗粒比例为8:2。

(6)外加剂:LZ-J2缓凝高效减水剂,掺量1.3%,减水率25%。

(7)钢纤维:为提高混凝土的韧性和抗冲击性能,采用了端勾纤维,并采用长短纤维复掺,其中长短纤维的比例为2:1,其掺量分别为0.5%和0.25%。

(8)PVA纤维:为提高混凝土的韧性,纤维掺量为0.3%。

(9)水:自来水。

7.5.2 钢-PVA混杂纤维混凝土性能测试

1)工作性能

(1)测试方法

根据《普通混凝土拌合物性能试验方法标准》(GB/T 50080—2016),测试混凝土的坍落度和扩展度(图7-4)按照如下步骤进行:

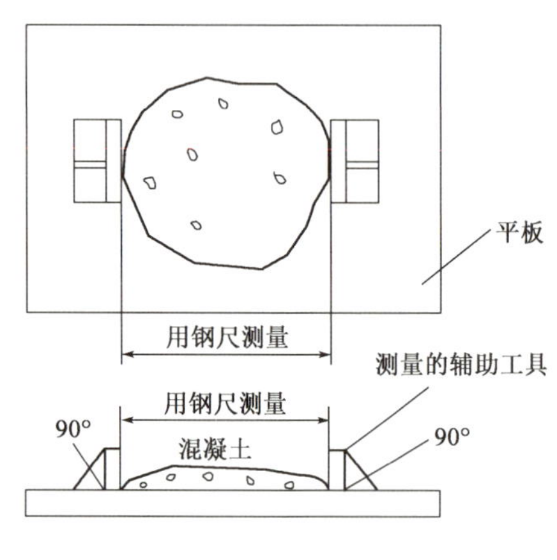

图7-4 扩展度测试

①湿润坍落度筒及底板,在坍落度筒内壁和底板上应无明水。底板应放置在坚实水平面上,并把筒放在底板中心,然后用脚踩住两边的脚踏板,坍落度筒在装料时应保持固定的位置。

②把按要求取得的混凝土试样用小铲分三层均匀地装入筒内,使捣实后每层高度为筒高的1/3左右。每层用捣棒插捣25次。插捣应沿螺旋方向由外向中心进行,各次插捣应在截面上均匀分布。插捣筒边混凝土时,捣棒可以稍稍倾斜。插捣底层时,捣棒应贯穿整个深度,插捣第二层和顶层时,捣棒应插透本层至下一层的表面;浇灌顶层时,混凝土应灌到高出筒口。插捣过程中,如混凝土沉落到低于筒口,则应随时添加。顶层插捣完后,刮去多余的混凝土,并用抹刀抹平。

③清除筒边底板上的混凝土后,垂直平稳地提起坍落度筒。坍落度筒的提离过程应在5~10s内完成;从开始装料到提坍落度筒的整个过程应不间断地进行,并应在150s内完成。

④提起坍落度筒后，测量筒高与坍落后混凝土试体最高点之间的高度差，即为该混凝土拌合物的坍落度值。

(2)测试结果

混凝土的一个主要性能就是工作性能，主要包括流动性、黏聚性和保水性三个方面。它综合表示拌合物的稠度、流动性、可塑性、抗分层离析泌水的性能及易抹面性等。通过调整减水剂掺量，伸缩缝槽口钢-PVA 混杂纤维高性能混凝土的坍落度可控制在 160mm ± 20mm，满足纤维混凝土的施工要求。混凝土的工作性能与当地的原材料及胶凝材料等因素密切相关，在现场拌和浇筑混凝土前应采用试拌方法对混凝土的工作性能进行确定，对混凝土的现场配比和减水剂等进行微调，要求配制的槽口混凝土在满足基本性能的条件下具有良好的工作性能。为了保证混凝土具有良好的工作性能，需要在施工现场对提出的施工配合比进行验证，下一步将依托工程实施过程开展验证测试。

2)自收缩性

(1)试验方法

混凝土自收缩性能的测试步骤如下：

①用剪刀将波纹管两端沿突起剪去，使剩余长度为 340mm ± 5mm 的部分作为试验部分，其中一端用不锈钢密封端头密封好并用弹簧连接到不锈钢支架上。

②用砂浆搅拌机拌制不同量膨胀剂掺量的超高性能混凝土的水泥基浆体。

③将拌制好的浆体用漏斗灌入波纹管中，并密封。

④将整套自收缩仪器(图 7-5)放入温度为 20℃ ±3℃、相对湿度为 60% ±5% 的养护室内进行养护，同时测量初长。将传感器和数据采集仪连接上，调整参数，测量 3d。

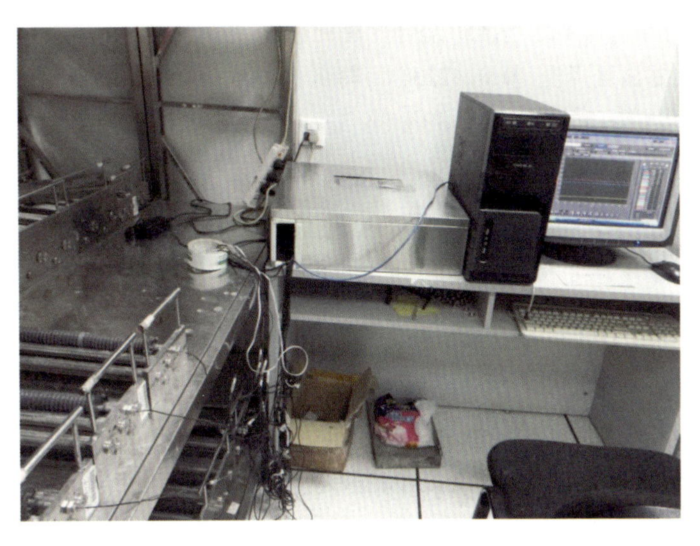

图 7-5　自收缩测试

(2)自收缩试验结果分析

自收缩试验的不同配合比分组情况见表 7-5，相关测试结果见图 7-6。

测试自收缩的混凝土配合比(单位:kg) 表 7-5

编号	水泥	粉煤灰	矿粉	砂	小石	大石	减水剂	水	长钢纤维	短钢纤维	PVA 纤维	PP 纤维
C	475	0	0	819	301	701	6.65	154	0	0	0	2.73
N-1	480	0	0	966	633	158	6.24	163	39	19.5	3.9	0
N-2	336	144	0									
N-3	336	0	144									
N-4	408	0	72									
N-5	408	72	0									
N-6	336	72	72									
N-7	384	48	48									

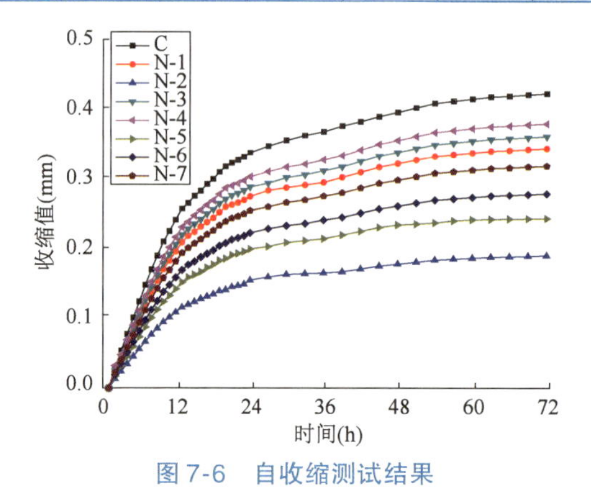

图 7-6 自收缩测试结果

从图 7-6 可以看出,与工地基准组配合比相比(C),掺入粉煤灰、矿粉、钢纤维和 PVA 纤维制备的混凝土自收缩显著降低,从 0.4223(C)降低到了 0.1901(N-2)~0.3794(N-4),自收缩降低了 10%~55%。掺 15%(N-4)和 30%(N-3)矿粉的混凝土自收缩为 0.3794 和 0.3612,当矿粉掺量从 0% 增大到 30%,混凝土自收缩降低了 14%。掺 15%(N-5)和 30%(N-2)粉煤灰的混凝土自收缩为 0.2433 和 0.1901,当粉煤灰掺量从 0% 增大到 30%,混凝土自收缩降低了 55%,单掺粉煤灰的混凝土比单掺矿粉的混凝土自收缩更小,说明粉煤灰可以更有效地降低混凝土的自收缩。

图 7-7 为不同胶凝材料组成混凝土自收缩的等值线图,从等值线图也可以看出,矿粉对混凝土自收缩的影响较小,随着粉煤灰掺量的增大,混凝土的自收缩等值线值不断降低,说明粉煤灰的掺入可显著降低混凝土的自收缩。这是因为粉煤灰和矿粉的早期活性低,它们的掺入提高了混凝土的水灰比,从而降低了混凝土自收缩,且粉煤灰比矿粉更能有效降低混凝土的自收缩。另一方面,粉煤灰和矿粉中含有大量的 Al_2O_3,可以和水泥中的矿物相反应生成膨胀性产物钙矾石(AFt),抑制混凝土的自收缩。

图 7-8 为纤维对混凝土自收缩的影响,除了掺加的纤维不同以外,基准组(C)和 N-1 组的混凝土组成相似。基准组(C)混凝土的自收缩值为 0.4223,而复掺钢纤维和 PVA 纤维混凝土

的自收缩值为0.3440，和单掺聚丙烯纤维(C)相比，复掺钢纤维和PVA混凝土(N-1)的自收缩降低了19%。这是因为高弹模的钢纤维可以有效抑制粗集料的沉降和水分的移动，提高了混凝土的均匀性，抑制了水分的流失，从而降低混凝土的自收缩。而且，由于钢纤维和混凝土的黏结力更强，也可抑制混凝土的自收缩。和平直钢纤维相比，端钩钢纤维与混凝土之间存在更大的机械摩擦力，可以更有效地降低混凝土的自收缩。

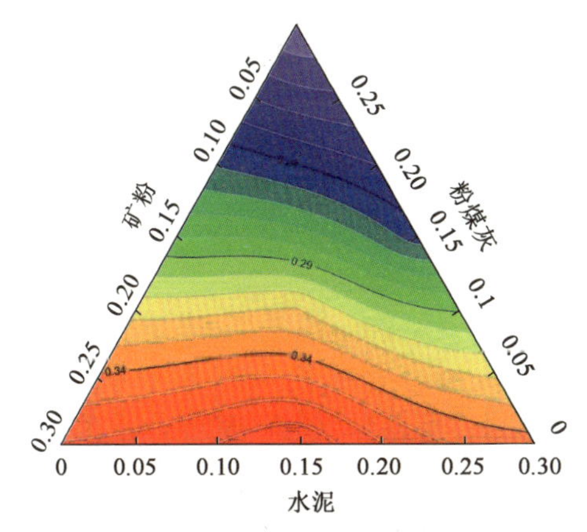

图7-7　不同组成对混凝土自收缩的影响

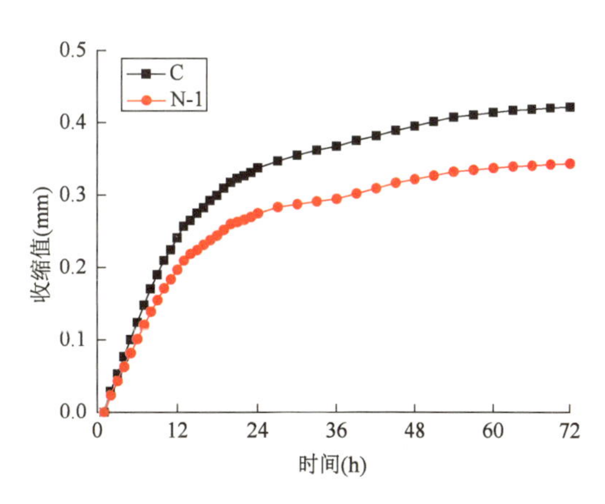

图7-8　纤维对混凝土自收缩的影响

相关研究表明，随着水泥水化的进行，水泥浆体内部的水分被逐渐消耗，内部相对湿度逐渐降低，自干燥现象产生并逐渐加剧，由此产生的毛细管压力逐渐增大，从而使得水泥浆体的自收缩也逐渐增大。对于掺有粉煤灰的水泥浆体，在单位体积内，水泥颗粒较少，水泥水化消耗的水分也较少，水泥浆体的内部相对湿度较大，自干燥程度较轻，因而其自收缩也较小。粉煤灰的掺量越大，水泥浆体的自干燥程度越轻，自收缩越小。矿粉的掺入增大了混凝土的水灰比，可改善水泥水化自干燥而产生的自收缩，且随着矿粉掺量的增大而增大。结合试验结果分析不同组成对混凝土性能的影响机理，得出如下结论：

(1)粉煤灰和矿粉的掺入显著降低了混凝土的自收缩，与工地配合比相比，优化组混凝土的自收缩降低了10%～55%，掺入粉煤灰混凝土的自收缩比掺入矿粉混凝土的自收缩更小。

(2)和单掺PP纤维的混凝土相比，复掺SF和PVA混凝土的自收缩降低了19%，SF和PVA纤维复掺有效降低了混凝土的自收缩。

(3)掺入纤维能有效抑制混凝土开裂，制备的混凝土开裂风险低。

3)抗裂性能

(1)试验方法

混凝土抗开裂能力是决定混凝土结构耐久性的第一道屏障，是最首要的耐久性因素，配制低开裂性混凝土是解决混凝土开裂的有效措施，而混凝土开裂主要是水化胶凝材料的收缩引起的，因此有必要研究合适的胶凝材料比例范围，确定最低开裂性的混凝土胶凝材料组分。抗开裂性能试验采用ASTM C 1581-04中介绍的圆环法试验。试验装置如图7-9所示，试验模具由底板、外环、内环组成。模具内环以钢管为材料，壁厚为13mm ±0.12mm，外径为330mm ±

3.3mm,高为152mm ±6mm。外环内径为406mm ±3mm,高度为152mm ±6mm。模具安装完成后要保证内外环间距为38mm ±3mm。底板要求表面光滑平整且不吸水。

a)试验模具

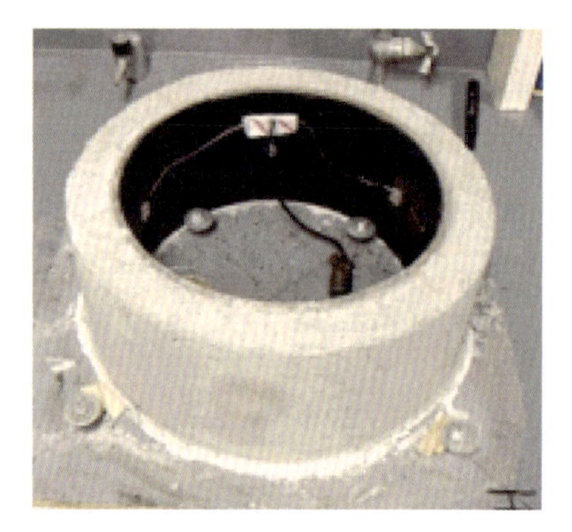

b)成型试件

c)拆具

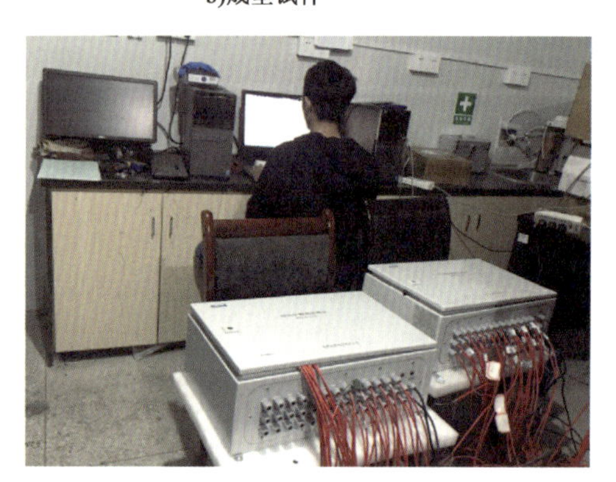

d)抗裂性测试

图7-9 ASTM C 1581-04 方法的试验装置和成型试件

每个钢环上最少粘贴两片应变片来监测钢环上的应变发展。应变片对称贴在钢环内表面中间高度处,两片应变片要相对180°粘贴,并将应变片连接在1/4桥应变仪上。数据采集系统要求能分别自动记录每片应变片的应变值,其分辨率应该在 ±0.0003,且每次记录的时间间隔不可超过30min。在恒温恒湿环境下测试试件,温度为23.0℃ ±2.0℃,相对湿度为50% ±4%。

当应变值出现突减时即认为是试件的开裂龄期,开裂龄期从浇筑成型时算起,从应变-时间曲线很容易得到试件的开裂龄期。开裂龄期为临近应变值突减的6h内。如果试件在测试时间(28d)内没有开裂,则记录为“不开裂”并记录测试终止时间。可由开裂龄期 t_{cr} 评价材料的抗开裂性能。

若用应力发展速率来评价,则应将数据按照以下方法处理:计算试件的应变发展值 f_{ts},其值为钢环应变值与开始干燥时初始值的差值;将每片应变片的应变发展值与应变发展时间的平方根绘入曲线图中;按式(7-1)做线性回归分析,求出各应变片的应变发展速率系数 α;计算每个试件上的两片应变片的平均应变发展速率系数 α_{avg},按式(7-2)计算每个试件的应力发展

速率 q；计算每组试件的平均应力发展速率 S（精确到0.01MPa/d），按照表7-6根据试件开裂龄期 t_{cr} 或平均应力发展速率 S 来评价材料的开裂风险。

$$\varepsilon_{net}=\alpha\sqrt{t}+k \tag{7-1}$$

式中：ε_{net}——应变发展值(m/m)；

α——应变发展速率系数[(m/m)/d$^{1/2}$]；

t——应变发展时间，记录应变值时的时间与初始时间的差值(d)；

k——回归常量。

$$q=\frac{G|\alpha_{avg}|}{2\sqrt{t_r}} \tag{7-2}$$

式中：q——每个试件的应力发展速率(MPa/d)；

G——弹性模量(GPa)，取72.2GPa；

α_{avg}——平均应变发展速率系数，(m/m)/d$^{1/2}$；

t_r——开裂或试验终止时的应变发展时间(d)。

开裂风险等级划分　　表7-6

开裂时间 t_{cr}(d)	每组试件平均应力发展速率 S(MPa/d)	开裂风险等级
$0<t_{cr}\leq7$	$S\geq0.34$	高开裂风险
$7<t_{cr}\leq14$	$0.17\leq S<0.34$	中高开裂风险
$14<t_{cr}\leq28$	$0.10\leq S<0.17$	中低开裂风险
$t_{cr}>28$	$S<0.10$	低开裂风险

(2)抗裂性试验结果分析

根据ASTM C 1581-04，测试了混凝土的抗裂性，不同配合比混凝土的抗裂性测试配合比同表7-5。相关测试结果见图7-10。

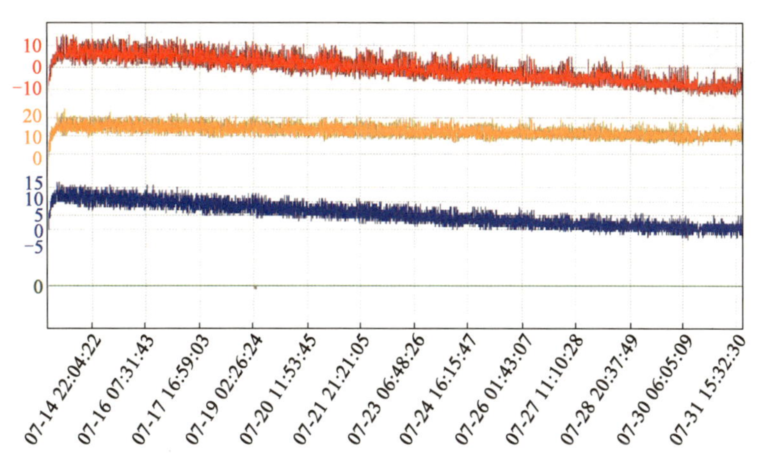

图7-10　N-2类配合比混凝土抗裂性应变值

根据自收缩试验结果分析可知,优化后的混凝土自收缩显著降低,测试得到的混凝土在28d均没有发生开裂,混凝土具有低开裂风险。以N-2为例,28d龄期内,应变值未发现突变。

究其原因,粉煤灰和矿粉的掺入增大了早期水化体系的有效水灰比,自由水分的增加弥补了自收缩以及表面塑性收缩,因此相较于未掺粉煤灰的试样,早期体积变形得到了抑制,更进一步增强了整体结构的抗裂性,因此,粉煤灰和矿粉的掺入可解决混凝土早期自收缩较大、易导致开裂问题。因为在混凝土凝结硬化后,膨胀性产物钙矾石的形成易导致混凝土开裂。混凝土凝胶体中钙矾石的数量由混凝土胶凝材料中的有效铝酸根、硫酸根和钙离子含量决定。只有氢氧化钙能充分供给时,才会产生大膨胀,在氢氧化钙不足的情况下,水化硫铝酸钙形成时膨胀就很小,而且不会发展为坚固的基体。随着粉煤灰和矿粉取代量的提高,凝胶孔中氢氧化钙含量大幅降低,可以降低混凝土因钙矾石而产生的膨胀量。

根据试验结果,由于纤维的掺入,有效抑制了混凝土的开裂,混凝土没有出现开裂现象,具有低抗裂风险,根据ASTM C 1581-04,混凝土的开裂风险低。同时,粉煤灰、矿粉、钢纤维和PVA纤维的掺入可显著降低混凝土自收缩,减少混凝土内部因自收缩产生的应力,显著提高了混凝土的抗裂性。

4)抗压强度

(1)试验方法

立方体抗压强度试验(图7-11)步骤如下:

图7-11 抗压强度测试

①试件从养护地取出后应及时进行试验,将试件表面与上下承压板面擦干净。

②将试件安放在试验机的下压板或垫板上,试件的承压面应与成型时的顶面垂直。试件的中心应与试验机下压板中心对准,开动试验机,当上压板与试件或钢垫板接近时,调整球座,使接触均衡。

③在试验过程中应连续均匀地加荷,加荷速度为0.5~0.8MPa/s。

④当试件接近破坏开始急剧变形时,应停止调整试验机油门,直至破坏,然后记录破坏荷载。

(2)抗压强度试验结果分析

根据表7-5的配合比测试混凝土的抗压强度,相关测试结果见图7-12和图7-13。由图可知,配置的混凝土7d抗压强度在大多数胶凝材料区域均大于50MPa,配置的混凝土28d抗压强度在所有胶凝材料区域均大于58MPa,满足工程要求。同时也可以看出,粉煤灰的掺入在一定程度上降低了混凝土的抗压强度,矿粉的掺入增大了混凝土的抗压强度,当粉煤灰和矿粉以0~10%比例复掺时,混凝土的抗压强度存在一个最高值。然而,当粉煤灰和矿粉掺量继续增大时,混凝土的抗压强度随之降低,但基本均能满足工程要求。

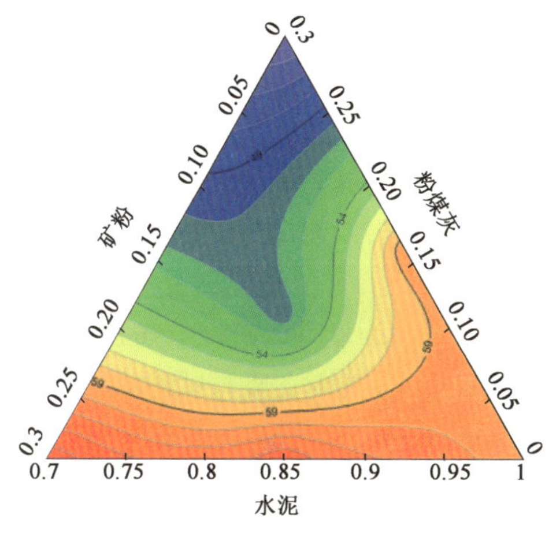

图 7-12　混凝土 7d 抗压强度等值线图

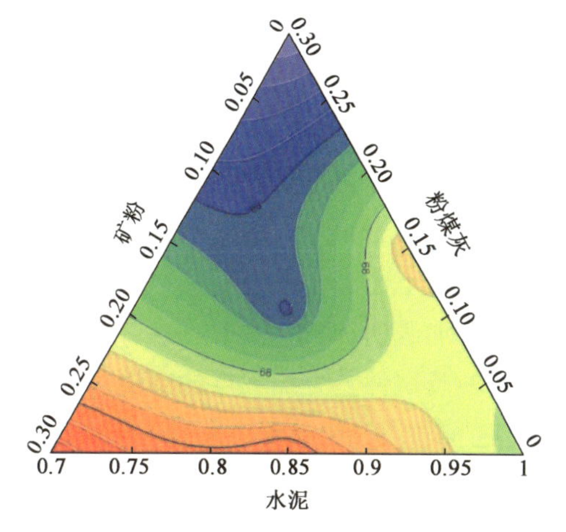

图 7-13　混凝土 28d 抗压强度等值线图

5)抗折强度

(1)试验方法

抗折强度试验步骤如下:

①试件从养护地点取出后应及时进行试验,将试件表面擦干净。

②抗折强度测试如图 7-14 所示,试件的承压面应为试件成型时的侧面,支座及承压面与圆柱的接触面应平稳、均匀,否则应垫平。

③在试验过程中应连续均匀地加荷,加荷速度为 0.05 ~0.08MPa/s。

④当试件接近破坏开始急剧变形时,应停止调整试验机油门,直至破坏,然后记录破坏荷载。

(2)抗折强度试验结果分析

根据表 7-5 的配合比分组测试混凝土的抗折强度,相关测试结果见图 7-15。由图 7-15 可知,配置的混凝土 28d 抗折强度在所有胶凝材料区域均大于 8MPa,满足工程要求。从图 7-15 还可以看出,当粉煤灰掺量为 15% 时,混凝土的抗折强度存在一个最低值,约为 8MPa。当矿粉掺量为 15% 时,混凝土的抗折强度存在最高值,达到了 18MPa。

图 7-14　抗折强度测试

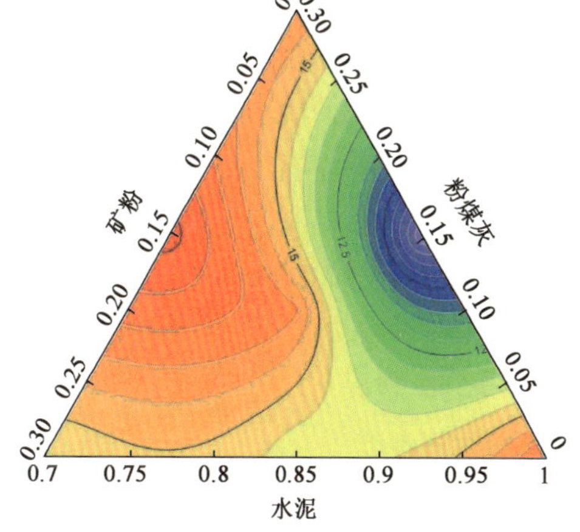

图 7-15　混凝土抗折强度等值线图

6)断裂韧性

(1)试验方法

断裂韧性试验(图 7-16)步骤如下:

①试验前精确测量试件的跨长 s、截面高 h、宽度 t,及初始缝高 α_0,以预制裂缝中心为中点,左右各取 200mm 为试件支承点位置,并用记号笔做好标记,以便试件放置在试验机支座上的对中。

②试验加载前,调整好试验机试件支座之间的距离,其值为试件的跨度 400mm,直接支承试件的圆轴及试件上方加载点的圆轴表面涂上一层机油,这可减少支座与试件的摩擦给试验数据带来的误差。

③将试件平整地放置在基座上,并校核裂缝中心点及加载点位置,使裂缝中点及加载点位于试件的中点。用事先准备好的弹簧固定好夹式引伸计,并将夹式引伸计调零。

④荷载的加载采用位移控制,加载速率为 0.1mm/min,数据采集系统与荷载加载系统同步。

图 7-16 断裂韧性测试

(2)断裂韧性试验结果分析

根据表 7-5 的配合比分组测试混凝土的断裂韧性,相关测试结果见图 7-17。由图可知,配置的混凝土 28d 断裂韧性达到了 17 ~ 32,而按试验室基准配合比制备的混凝土断裂韧性为 12,配置的混凝土断裂韧性提高了 42% ~ 167%,满足工程要求。从图 7-17 中也可以看出,粉煤灰对混凝土断裂韧性的影响不明显,矿粉的掺入在一定程度上增大了混凝土的断裂韧性。主要原因如下:第一,粉煤灰的早期活性较低,早期水化缓慢,强度发展也慢,粉煤灰的掺入不利于混凝土的韧性;第二,粉煤灰颗粒为球形,裂纹遇到粉煤灰时产生裂尖钝化效应,消减了应力集中现象;第三,粉煤灰与基体的二次水化作用使得粉煤灰颗粒与基体结合增强,使裂纹绕过粉煤灰颗粒时做功增加;第四,粉煤灰颗粒具有高弹高强特性,使裂纹穿透粉煤灰颗粒时做功增加。因此,粉煤灰的掺入对混凝土断裂韧性的影响不大。

7)抗冲击性能

(1)试验方法

采用 ACI-544 推荐的冲压冲击试验方法,采用直径为 150mm、厚度为 63mm 的圆饼形试样,利用 1.2m 高处的冲击球对试样进行冲击,记录试样表面出现初裂裂缝和破坏裂缝时的冲击次数。

(2)抗冲击性能试验结果分析

根据表 7-5 的配合比分组测试混凝土的抗冲击性能,不同材料组成对混凝土抗冲击性能影响的测试结果如图 7-18 所示。由图 7-18 可知,和基准配合比(C)相比,优化组冲击能增大了 19% ~84%。基准配合比(C)的冲击能为 3700N · m,而优化组(N-1)的冲击能增大到了 4800N · m,冲击能增大了 30%。说明和单掺纤维相比,复掺 SF 和 PVA 纤维可显著增大混凝土的抗冲击性能。

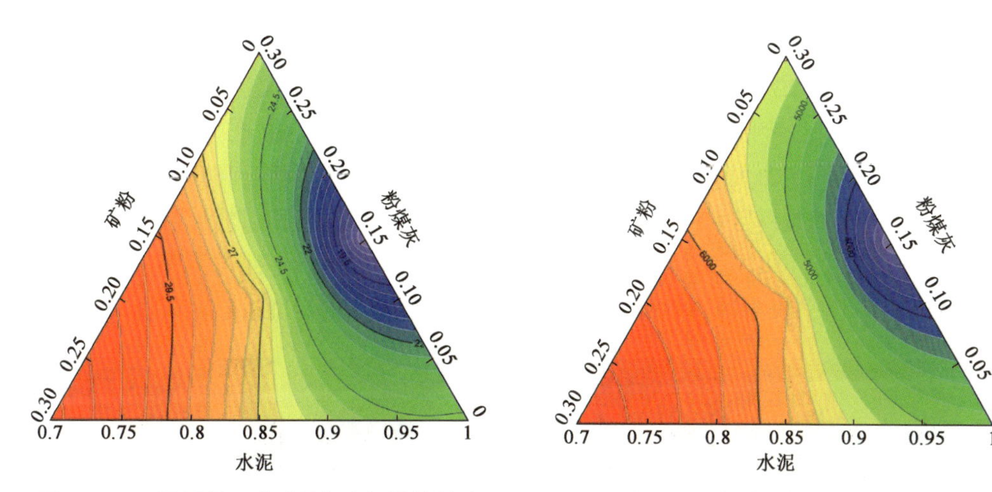

图 7-17　不同材料组成对混凝土韧性的影响　　图 7-18　不同材料组成对混凝土抗冲击性能的影响

从图 7-18 还可以看出,胶凝材料组成对混凝土的抗冲击性能也有显著的影响。随着胶凝材料组成的变化,混凝土的冲击能从 3000N · m(N-5)增大到了 6800N · m(N-3),其中单掺 15% 粉煤灰的混凝土冲击能最小,而单掺 30% 矿粉的混凝土冲击能最大,说明粉煤灰对混凝土抗冲击性能影响不明显,矿粉可以更有效地提高混凝土的抗冲击性能。当粉煤灰掺量为 15% 时,混凝土的抗冲击性能存在一个最小值。从等值线图也可以看出,当粉煤灰掺量为 7% ~ 21% 且矿粉掺量小于 5% 时,混凝土的冲击能处于最低区域,说明这一区域的胶凝材料组成不利于混凝土的抗冲击性能。另外,当矿粉掺量低于 13% 时,混凝土的冲击能等值线相对密集,而当矿粉掺量大于 13% 时,混凝土的冲击能等值线相对疏松。这说明当矿粉掺量小于 13% 时,矿粉对混凝土的冲击能影响较为显著,而当矿粉掺量大于 13% 时,矿粉对混凝土的冲击能影响相对较小。相关研究也表明,掺入硅灰、粉煤灰和矿粉后,混凝土的抗冲击性能均大于纯水泥配置的混凝土,辅助性胶凝材料的掺入可显著提高混凝土的冲击韧性。

根据测试结果,配置的混凝土 28d 抗冲击次数达到了 16 ~ 29 次,而按参照组的混凝土配合比制备的混凝土抗冲击次数为 13 次,配置的混凝土抗冲击性能提高了 45% ~ 141%,满足工程要求。

7.5.3 微观测试及分析

1）扫描电镜（SEM）

（1）试验方法

试验件采用直径为8mm、厚度为2mm的混凝土试件，试样养护到规定龄期时，对其表面进行抛光处理。由于不导电，对试件表面进行喷金处理，通过扫描电镜（图7-19）观察混凝土的微观结构。

（2）测试结果分析

纯水泥（N-1）、水泥-矿粉（N-3）和水泥-粉煤灰-矿粉（N-6）制备混凝土的集料/水泥石界面过渡区如图7-20～图7-22所示。从图7-20可以看出，纯水泥制备混凝土的界面过渡区存在一个较宽的裂缝区域，且过渡区域存在针状的钙矾石和六面体氢氧化钙，这些物质对混凝土性能均有不利的影响。从图7-21可以看出，掺入矿粉后，虽然仍然存在钙矾石和氢氧化钙，但混凝土的界面过渡区无明显的裂缝区域，说明矿粉掺入后改善了混凝土的界面过渡区，这有利于提高混凝土的性能。从图7-22可以看出，同时掺粉煤灰和矿粉后，混凝土的界面过渡区进一步致密，看不见钙矾石和氢氧化钙，表明同时掺粉煤灰和矿粉可改善混凝土的界面过渡区质量问题。

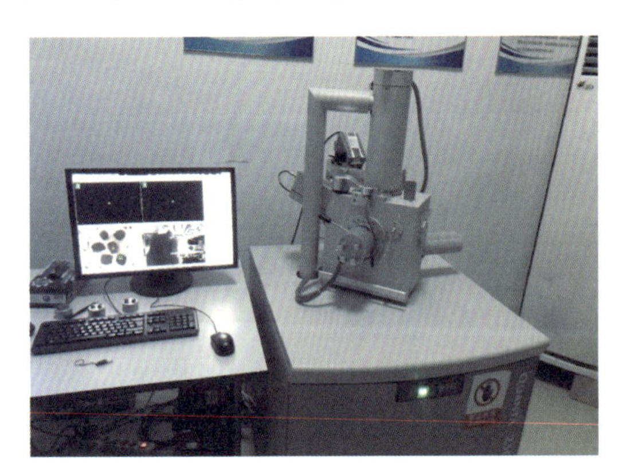

图7-19 扫描电镜测试

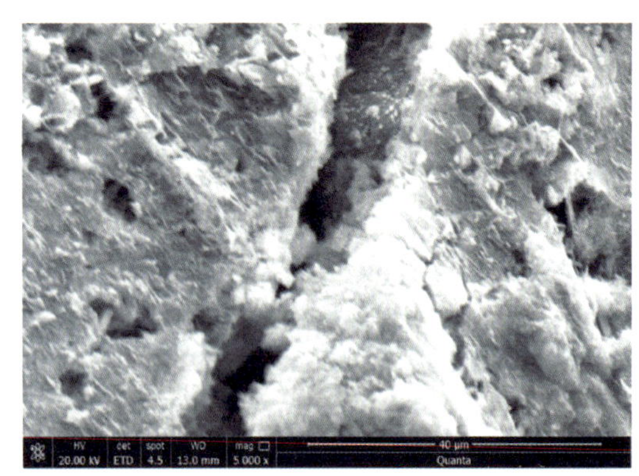

图7-20 纯水泥制备混凝土的界面过渡区

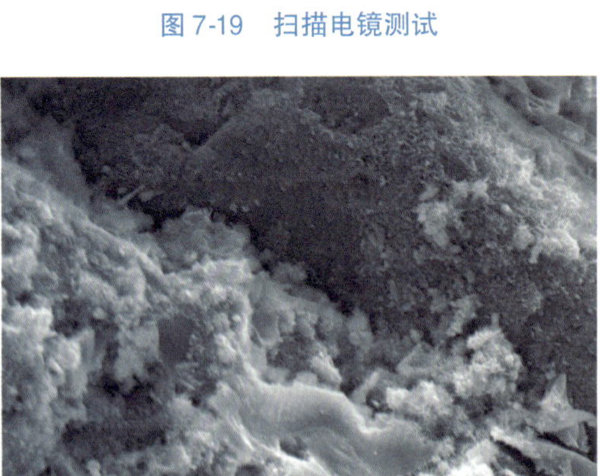

图7-21 水泥-矿粉制备混凝土的界面过渡区

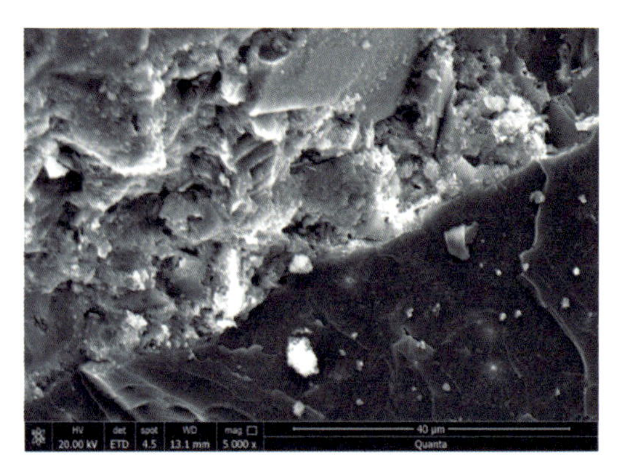

图7-22 水泥-粉煤灰-矿粉制备混凝土的界面过渡区

2）能谱分析（EDS）

（1）测试方法

试验件采用直径为8mm、厚度为2mm的混凝土试件，试样养护到规定龄期时，对其表面进行抛光处理。由于不导电，对试件表面进行喷金处理，通过能谱仪（图7-23）对混凝土进行微元素分析。

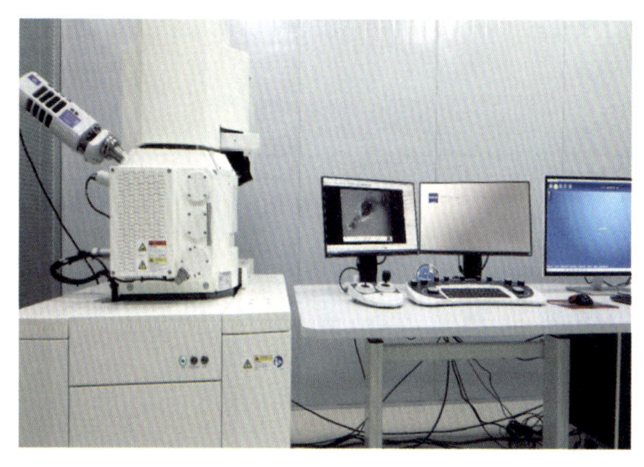

图7-23　能谱分析测试

（2）测试结果分析

纯水泥（N-1）、水泥-矿粉（N-3）和水泥-粉煤灰-矿粉（N-6）制备混凝土界面过渡区的能谱分析如图7-24～图7-26所示。从图7-24可以看出，纯水泥制备混凝土的界面过渡区存在大量的Ca、O、S、Al、Si元素，说明界面过渡区存在大量的钙矾石，这与SEM的观测结果一致。从图7-25可以看出，掺入矿粉后，混凝土的界面过渡区存在大量的O、Si元素，而S、Al、Si元素显著降低，说明矿粉的掺入显著降低了钙矾石含量。从图7-26可以看出，复掺粉煤灰和矿粉后，混凝土的界面过渡区存在大量的Ca、Mg、O元素，而看不到S、Al、Si元素，说明粉煤灰和矿粉的掺入显著降低了钙矾石含量，这和SEM的观测结果一致。从SEM和EDS的测试结果可知，单掺矿粉或者复掺粉煤灰和矿粉均能显著降低混凝土界面过渡区的钙矾石和氢氧化钙，这改善了混凝土集料和水泥石之间的界面过渡区，提高了集料和水泥石之间的黏结性能。

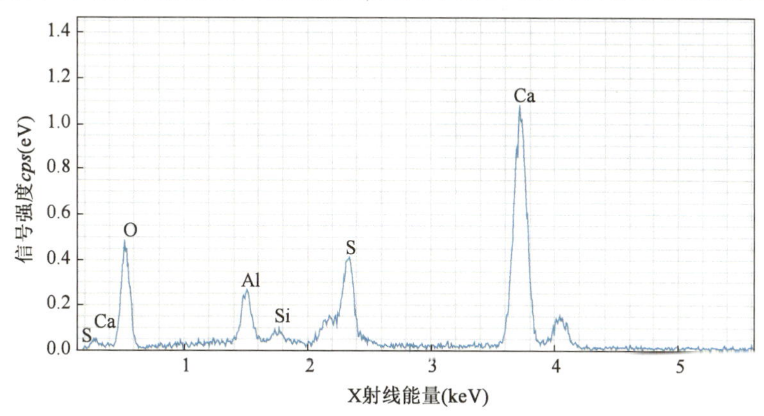

图7-24　纯水泥制备混凝土界面过渡区的元素分析

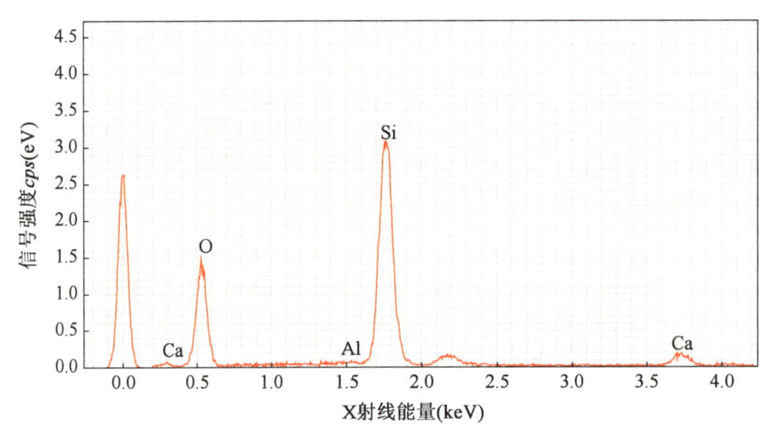

图 7-25 水泥-矿粉制备混凝土界面过渡区的元素分析

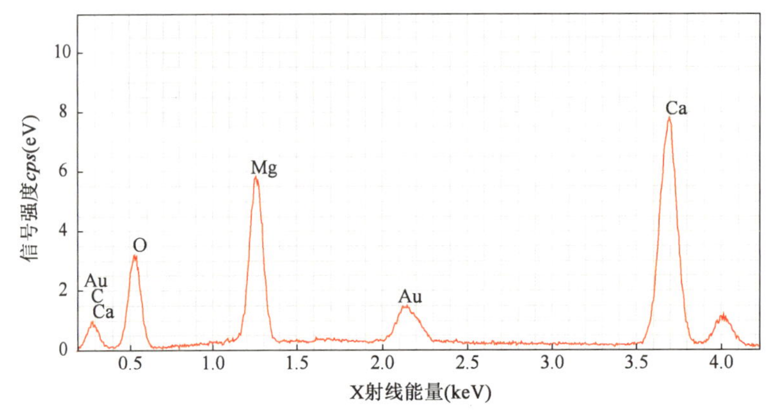

图 7-26 水泥-粉煤灰-矿粉制备混凝土界面过渡区的元素分析

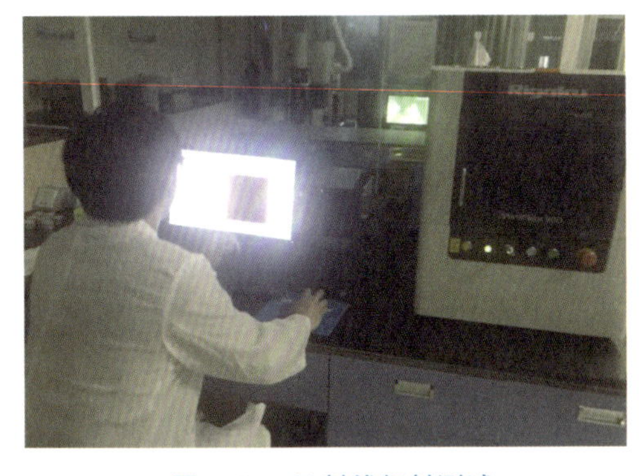

图 7-27 X 射线衍射测试

3) X 射线衍射

(1)测试方法

试样养护到规定龄期时,取浆体试件中心部位 3mm 左右的块状样品,放入乙醇溶液中阻止其进一步发生水化反应。然后将所取样品从乙醇中取出并磨粉,通过 300 目筛子,放入 60℃真空干燥箱中烘干 24h。使用 Philips X 射线衍射仪(图 7-27)进行物相分析,扫描范围8°~13°,步长 0.02°,每步 2s。

(2)测试结果分析

纯水泥(C)、水泥-矿粉(C + FA)、水泥-粉煤灰(C + S)和水泥-粉煤灰-矿粉(C + S + FA)制备混凝土的 XRD 测试结果如图 7-28 所示。从图 7-28 可以看出,纯水泥制备混凝土的氢氧化钙(CH)峰值较高,说明纯水泥制备混凝土存在大量氢氧化钙,如 SEM 所示,氢氧化钙富集于混凝土的界面过渡区,不利于集料和水泥石的黏结性能,从而降低了混凝土的性能。单掺粉煤灰时,氢氧化钙峰值有所降低,说明单掺粉煤灰可降低混凝土中的氢氧化钙含量,可改善混凝土的性能。单掺矿粉或复掺粉煤灰和矿粉,氢氧化钙峰值几乎消失,说明单掺矿粉或复掺粉煤灰和矿粉基本消耗了氢氧化钙,这将改善集料和水泥石的黏结性能,从而提高了混凝土的性能。

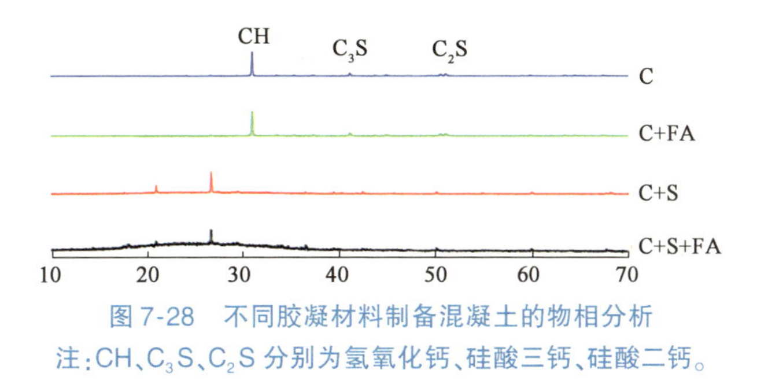

图 7-28　不同胶凝材料制备混凝土的物相分析

注:CH、C_3S、C_2S 分别为氢氧化钙、硅酸三钙、硅酸二钙。

7.5.4　混凝土配合比的确定

根据试验情况,结合不同配合比分组测试中混凝土各项技术性能指标的表现,最终确定了适用于桥梁伸缩缝槽口的钢-PVA 混杂纤维高性能混凝土的配合比,其综合性能最优,具体配比情况见表 7-7。

钢-PVA 混杂纤维高性能混凝土配合比(单位:kg)　　表 7-7

水泥	粉煤灰	矿粉	砂	小石	大石	减水剂	水	长钢纤维	短钢纤维	PVA 纤维
336	72	72	966	633	158	6.24	163	39	19.5	3.9

根据测试结果,试制的钢-PVA 混杂纤维高性能混凝土的技术性能指标优异。通过胶凝材料优化和纤维增强作用,通过胶凝材料优化和纤维增强作用,可配置出 7d 抗压强度大于 50.0MPa、28d 抗压强度大于 58.0MPa、24h 抗折强度大于 4MPa、28d 抗折强度为 8 ~ 18MPa、具有低抗裂风险、自收缩降低 10 ~ 55%、抗冲击性能提高 45% ~ 141%、断裂韧性提高 42% ~ 167%、坍落度可控制在 180 ± 20mm、扩展度大于 500mm 的高性能混凝土。综合各项性能,复掺 15% 粉煤灰和 15% 矿粉,以及复掺 0.75% 钢纤维和 0.3% PVA 纤维高性能混凝土的性能最优,其 7d 抗压强度为 51.1MPa,28d 抗压强度为 64.4MPa,24h 抗折强度为 8.6MPa,28d 抗折强度为 17.7MPa,其自收缩降低了 34%,具有低抗裂风险。与单掺 0.75% 钢纤维混凝土相比,其抗冲击性能提高了 69%,断裂韧性提高了 147%,坍落度为 190mm,扩展度为 610mm。

7.6　钢-PVA 混杂纤维高性能混凝土的工程应用

7.6.1　现场施工配合比的验证

由于施工现场每一批砂石料原材料均有一定差异,室内试验与现场采用的砂石料若不是同一批材料,则需在现场拌和前取现场批次的材料进行试验,并对采用特定配合比的混凝土工作性能进行验证，以确保其满足现场混凝土拌和浇筑施工要求。具体的做法是：依据室内试验得到的施工配合比，对混凝土的工作性能进行测试，若与室内试验结果有差别，还需对施工配合比进行调整，获得混凝土工作性能满足施工要求的配合比。此外，现场制作相关混凝土块试件，并对其力学性能进行测试，直至混凝土的测试结果达到设计要求。在工地现场分别对其7d、28d混凝土抗压强度进行了测试，测试结果见表7-8。

工地试验室现场试配混凝土测试结果　　表7-8

试配分组	7d 受检强度平均值(MPa)	28d 受检强度平均值(MPa)	实测坍落度(mm)
组1	59.4	65.6	170
组2	56.6	63.7	175
组3	58.9	64.8	170

由表中测试结果可知，其现场配制的混凝土的强度和工作性能均满足设计要求。现场测试过程如图7-29、图7-30所示。

图7-29　工地试验室制作混凝土试件

图7-30　试件加载与测试

7.6.2　现场钢-PVA 混杂纤维混凝土的试制

由于试验室的拌和设备及条件与现场拌和站有差别，在正式拌制混凝土前需要结合满足工作性能的试验室拌制采用的配合比进行调整，然后结合搅拌站混凝土试制，其控制系统分配如图 7-31a）所示。在现场拌和的过程中，由于采用人工添加钢纤维、PVA 纤维等材料，现场采用拌和站机械拌和，混凝土搅拌与现场浇筑情况如图 7-31b）所示。

a)现场搅拌控制

b)混凝土搅拌与现场浇筑

图 7-31　试拌与浇筑现场图片

按照施工配合比在现场试拌的混凝土情况如图7-32所示。由图可知,本次设计制备的混凝土具有良好的工作性能,不泌水,不离析,其工作性能满足工程需求。

图7-32 试拌混凝土

7.6.3 钢-PVA混杂纤维混凝土的应用

1)交圭大桥中的现场应用

交圭大桥里程桩号为K1+386m、K1+490m和K1+650m的几处伸缩缝现场浇筑槽口混凝土如图7-33、图7-34所示,现场混凝土无泌水、离析现象发生,施工完成后混凝土表面平整。

图7-33 交圭大桥混凝土现场浇筑

a)K1+386m处

b)K1+490m处

c)K1+650m处

图7-34 交圭大桥混凝土现场浇筑完毕

2)普安1号大桥中的工程应用

普安1号大桥80型伸缩缝槽口处也采用钢-PVA混杂纤维混凝土浇筑,现场未出现混凝土泌水、离析等现象,施工完成后混凝土表面平整,槽口混凝土现场施工情况如图7-35所示。

a)槽口混凝土现场浇筑

b)槽口混凝土浇筑完成

图7-35 普安1号大桥80型伸缩缝槽口混凝土施工

7.6.4 钢-PVA混杂纤维混凝土的经济性分析

为了分析本项目试验配制的高性能钢-PVA混杂纤维混凝土在今后同类工程中应用的可行性，对本次预制T梁示范应用的钢-PVA混杂纤维混凝土与伸缩缝槽口设计中经常采用的其他两种单一纤维混凝土（钢纤维混凝土和聚丙烯混凝土）的应用成本进行对比分析。交圭大桥4道160型伸缩缝采用了本项目试制的钢-PVA混杂纤维高性能混凝土，混凝土使用量共为13.9m^3，当伸缩缝槽口分别应用上述三种混凝土时的成本计算如表7-9所示。

每立方米混凝土的成本计算表

表7-9

混凝土类型	每立方米混凝土所需材料用量(kg)								单位价格(元/m^3)
	水泥	砂	石子	粉煤灰	聚丙烯纤维	钢纤维	PVA纤维	减水剂	
聚丙烯纤维混凝土	475	819	1002		7.35			6.65	413.3
钢纤维混凝土	480	966	791			58.5		6.24	824.5
钢-PVA混杂纤维混凝土	432	966	791	48		58.5	3.9	6.24	936.5

注：以贵州省2019年7月含税市场价指导价格为标准进行计算。各种材料的价格为：水泥430元/t，砂80元/m^3，石子70元/m^3，粉煤灰220元/t，聚丙烯纤维11000元/t，钢纤维8800元/t，PVA纤维26000元/t，减水剂5500元/t。

根据表7-14可知，聚丙烯纤维混凝土的计算成本要远低于钢纤维混凝土和钢-PVA混杂纤维混凝土，聚丙烯纤维混凝土的计算成本约为钢纤维混凝土的50%，为钢-PVA混杂纤维混凝土的44%左右。钢纤维混凝土相较于聚丙烯混凝土的价格差别主要是由钢纤维引起的，每立方米混凝土钢纤维的掺量为58.5kg，而聚丙烯纤维混凝土纤维掺量较小，钢纤维与聚丙烯纤维的价格相差不大，钢纤维的掺加引起成本上升接近1倍。钢-PVA混杂纤维混凝土相较于钢纤维混凝土，由于增加了PVA纤维和粉煤灰，引起每立方米混凝土成本增加112元左右，即相对钢纤维混凝土的成本增加14%左右，相对聚丙烯纤维混凝土则增加了1倍左右。

根据7.5节的试验，对比聚丙烯纤维混凝土与钢-PVA混杂纤维高性能混凝土的性能测试结果，钢-PVA混杂纤维混凝土的力学性能和抗裂、抗冲击性能均有显著提高，抗压强度提高了约14%，抗折强度也有所提高，断裂韧性提高35%，抗冲击性能提高约70%。相对于普通钢纤维混凝土，钢-PVA混杂纤维高性能混凝土具有低抗裂风险，自收缩降低了10%～55%，抗冲击性能提高了30%～81%，断裂韧性提高了30%～113%，测试结果表明槽口混凝土综合性能整体得到了提高，伸缩缝槽口处混凝土开裂及破坏的可能性减小。基于上述试验测试结论，说明本项目从伸缩缝槽口混凝土破坏原因分析结论出发，为提高混凝土的力学性能、抗裂性、抗冲击性等配制的钢-PVA混杂纤维高性能混凝土，可适用于受力复杂的桥梁伸缩缝槽口，总体应用性价比较高，在三独高速公路交圭大桥中得到了应用示范。

7.6.5 工程应用实施效果

为了验证本项目成果在依托工程中应用实施的效果，通车2年多后，对前述依托工程伸缩缝槽口混凝土的使用现状进行了现场调研，普安1号大桥80型伸缩缝槽口混凝土现状见

图7-36,交圭大桥160型伸缩缝槽口混凝土现状见图7-37。与依托工程原设计采用的聚丙烯纤维混凝土对比发现,采用本项目成果钢-PVA混杂纤维高性能混凝土未发现开裂情况,而采用聚丙烯纤维混凝土已经开始出现若干裂缝,说明本项目成果具有高抗裂、高韧性、抗冲击的特点,工程应用效果明显。

图7-36 普安1号大桥80型伸缩缝槽口混凝土现状

图7-37 交圭大桥160型伸缩缝槽口混凝土现状

第 8 章
CHAPTER 8

桥梁伸缩缝施工与质量管理

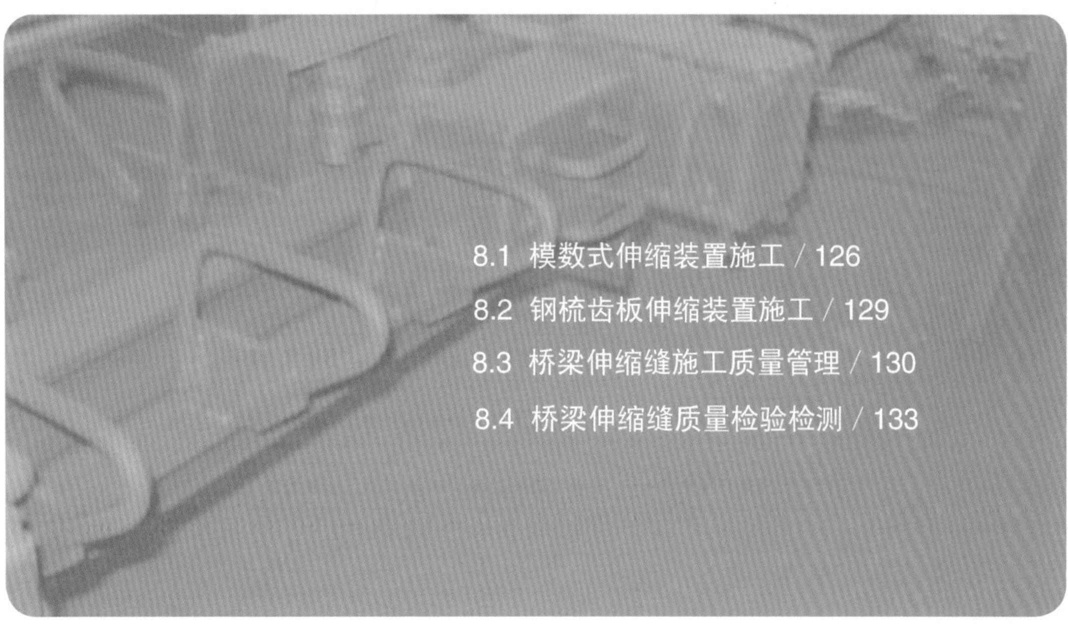

8.1 模数式伸缩装置施工 / 126

8.2 钢梳齿板伸缩装置施工 / 129

8.3 桥梁伸缩缝施工质量管理 / 130

8.4 桥梁伸缩缝质量检验检测 / 133

公路桥梁伸缩装置的安装是公路桥梁建设的一个重要环节,其施工质量的好坏将会影响日后行车的平稳、安全、舒适以及伸缩装置本身的设计寿命和使用质量,并且还会影响桥梁的服务质量和使用年限,因此伸缩装置安装质量的重要性不言而喻。公路桥梁伸缩装置的安装一般遵循一定原则,以保证其质量。总体要求如下:

(1)施工前准备工作。熟悉施工设计图纸,检查预埋筋位置、预留槽口尺寸、槽口的清理和伸缩装置安装操作规程,检查伸缩装置异型边梁的平整度、顺直度与缝体间隙宽度。

(2)对进场的伸缩装置进行检查。对伸缩装置的结构尺寸、位移控制箱的位置、边梁锚固筋的位置、临时连接装置的稳定性进行检查。

(3)伸缩装置一般应在5~20℃的温度范围内安装。

(4)将伸缩装置置于槽口,调整位置和高程,调整伸缩装置与梁两端的平整度后,焊接预埋筋。

(5)灌注预留槽口。

(6)混凝土养护。

(7)拆除模板,清理现场,完成伸缩装置的安装。

然而,不同类型的伸缩装置,施工工艺流程也有一定区别,下面对目前高速公路常用的两种伸缩装置的施工工艺进行分类介绍。

8.1 模数式伸缩装置施工

8.1.1 施工工艺流程

模数式伸缩装置的施工安装决定了伸缩装置的使用性能,故必须对安装伸缩装置的施工工艺中每一道工序进行严格控制。模数式伸缩装置施工工艺流程如图8-1所示。

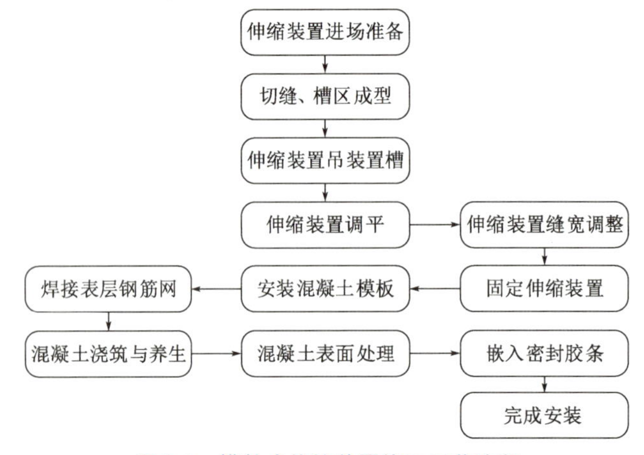

图8-1 模数式伸缩装置施工工艺流程

8.1.2 施工技术要点

1）伸缩装置进场

（1）为保证施工安全、有序，在开始工作前需设置警示标志。

（2）熟悉施工设计图纸和安装操作规程，检查、验收伸缩装置异型边梁的平整度、顺直度和缝体间隙。

（3）机械设备、小型机具配备齐全，尤其是提供施工车辆过往的过桥板必须质量坚固、数量充足，以保证施工顺利进行。

（4）配齐备足防止污染路面的塑料布、胶带等材料及养护用的塑料薄膜、浇水工具等。

2）切缝、槽区成型

在桥面沥青混凝土铺装层施工完成后，根据施工设计图的要求进行准确放样并确定开槽宽度，画线切缝。需放出伸缩缝中线与安装槽口边线，并标记在固定位置，采用路面切割机沿边缘标线匀速将混凝土面层切断，切缝边缘应整齐、平顺，与原安装槽口边缘对齐。在切割过程中，应保护好切割外侧混凝土边角，防止破损。切割完成后应及时保护，避免路面混凝土断面边角在施工中损坏，切割时不应破坏防水层。切缝后应及时清除安装槽口内混凝土及填料，如清理出的填料及杂物在路面临时堆放，应铺垫布以避免污染路面，且应在伸缩装置施工完成后清理全部废料。梁端间隙内的杂物，尤其是混凝土块，必须清理干净，然后用泡沫塑料填塞密实。如有梁板顶至背墙情形，须将梁端部分凿除。

3）伸缩装置吊装置槽

（1）伸缩装置一般都已在工厂组装完成，应当在图纸规定的温度下进行安装，若温度与图纸设定温度差别过大，则应该根据跨径、桥面连续长度、安装时温度等综合计算，并经有关程序确认后对各项安装参数予以调整。

（2）利用拉线法检查伸缩装置的异型钢弯曲度，每米的弯曲度不大于2mm。

（3）检查伸缩装置长度与桥面宽度是否保持一致。

（4）将伸缩装置吊装置入槽内，并调整位置。

4）伸缩装置调平、缝宽调整

（1）利用公路靠尺、塞尺调整伸缩装置的顶面高度，一般与沥青路面保持1～1.5mm的距离。

（2）伸缩装置安装温度应与图纸设定温度保持一致，若温度实在无法满足要求，则需要对伸缩装置的缝宽进行相应调整。

5）固定伸缩装置

伸缩装置的缝宽与高程都满足设计要求后，对伸缩装置进行焊接。把异型钢梁上的锚固钢筋与预埋钢筋在两侧同时焊牢，最好一次全部焊牢。如有困难，可先将一侧焊牢，待达到预定的安装气温时，再将另一侧全部焊牢。伸缩装置焊接牢固后，尽快将预先设定的临时固定卡具、定位角钢用气割枪割去，使其自由伸缩，此时要严格保护现场，防止车辆误压。

6) 安装混凝土模板、焊接表层钢筋网

(1)模板采用泡沫板、纤维板等,模板须坚固、严密,能确保在混凝土振捣时不出现移动并能防止砂浆流入伸缩缝内,以免影响伸缩。为防止混凝土从上部缝口进入型钢内侧的槽内,型钢的上面必须要用胶布封好。

(2)根据设计图纸要求,对伸缩装置表层钢筋网的排列方案进行确定,焊接时需要两侧交错进行,防止边梁型钢受热变形。

7) 混凝土浇筑与养生、嵌入密封条

(1)混凝土振捣时应两侧同时进行,为保证混凝土密实,特别是型钢下混凝土的密实,用振捣棒振至不再有气泡为止。混凝土振捣密实后,用抹板搓出水泥浆,分 4 ~ 5 次按常规抹压平整为止。这道工序应特别注意平整度,混凝土面比沥青路面的顶面略低 1 ~ 2mm 为宜,过高或过低都会造成跳车现象。

(2)水泥混凝土浇筑完成后,覆盖塑料薄膜,视天气情况进行洒水养生,养生期不少于 7d,养生期间严禁车辆通行。经过养生,水泥混凝土强度达到设计强度的 50% 以上后可安装橡胶密封条。安装前,必须把缝内充当模板的泡沫板、纤维板、漏浆的混凝土硬块全部掏干净,方可嵌入橡胶条。

8.1.3 施工容易出现的问题

模数式伸缩装置在施工过程中存在的问题如下:

(1)预埋钢筋普遍存在被压弯、压断的现象,且钢筋的锈蚀较为严重,施工完成后会间接影响伸缩装置的使用寿命。

(2)清理槽口后,未认真校正预埋钢筋,并且钢筋存在折断、缺失等现象,并未按照要求对有折断的钢筋进行补焊及对有缺失的钢筋进行植筋补筋。对于扭曲的预埋钢筋也未理顺,存在预埋钢筋排列不整齐、穿筋压弯现象,继而导致伸缩装置的焊接较为困难。

(3)施工单位不按工序作业,且对预留槽的清理不到位,预留槽不平整,间隙不均匀,主要是伸缩缝预留槽施工质量控制不严格导致的。

(4)开槽后对新老混凝土接合面不清理、凿毛、冲刷,浇筑混凝土中不振捣或振捣不到位,安装固定不焊接不支承,槽口内钢筋施工质量差,施工过程中的未保护以及未修复等,都是目前桥梁伸缩缝施工质量控制和管理中的薄弱环节,也是质量缺陷产生的直接原因,直接导致施工完成后,尚未通车,锚固区混凝土就出现开裂现象。这需要引起相关单位、专业承包单位及管理部门的高度重视,择优选择信誉好、经验丰富、管理完善的专业队伍承担施工任务。

(5)工艺不清、程序混乱,主要表现为先对伸缩装置解锁定后再安装固定。提前解除约束,边梁、中梁、横梁及位移控制系统分离,导致安装时钢梁定位困难、边梁中梁高低不一、主梁扭曲、位移系统失灵或不工作、缝宽不一等问题,校正难度大,且整体变形较大。路面施工时,存在伸缩缝填料采用泥土、杂物等现象。

(6)伸缩装置进场后存放不当,长时间日晒雨淋,导致伸缩装置漆面脱落,变形锈蚀。

8.2 钢梳齿板伸缩装置施工

8.2.1 施工工艺流程

钢梳齿板伸缩装置施工工艺流程如图8-2所示。

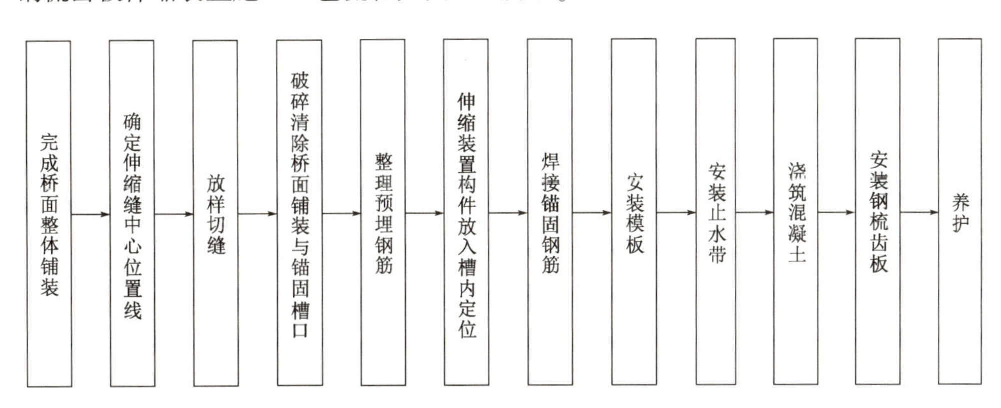

图8-2 钢梳齿板伸缩装置施工工艺流程

8.2.2 施工技术要点

1)施工准备

施工前伸缩装置、辅料、设备、工具等均应运抵施工现场。在施工现场根据要求设置交通安全标志,设备工具和用料应放在指定的地点或区域,施工人员进入施工现场时应穿戴安全服、安全帽,注意文明施工。

2)画线、切缝

(1)根据桥梁设计要求,在伸缩装置的安装预留槽区准确标出缝区边沿位置,并画出缝区的切割线。画线时,如原有预埋槽尺寸小于图纸尺寸,应按图纸尺寸画线;如原有预埋槽尺寸大于图纸尺寸,应按原有预埋槽尺寸画线。确保装置安装后两侧混凝土过渡段等宽。

(2)根据上述切割线进行缝区切割,切割时应保证槽口顺直,直线度满足1.5mm/m。切割前,应用3m直尺检查沥青混凝土面层的平整度,要求控制在1.5mm以内。如发现缝区边缘处沥青路面不平,应延伸至平整处画线切割。

3)开挖、清理

(1)根据切割的缝宽,打挖清理出槽口区内的沥青混凝土层及杂物。将缝区底面混凝土凿毛,并把构造缝内的杂物清理干净,以确保未来灌入混凝土与梁体结合牢度。清理出的杂物要堆放在离缝区边沿1m以外的位置,下面用塑料布垫好,如现场施工条件允许,除桥梁两端头两条缝区的沥青块堆放在桥台一侧的路面作封路用,其他均可清理出施工现场。打挖时,风镐枪不得沿缝区边沿的切割线打挖,以防破坏缝区边沿的沥青路面的平整度;不得将缝区以外的沥青路面破坏(包括破角、抬起)。

(2)用空压机吹净(或高压水枪冲洗)槽区内的破碎混凝土及尘土,检查槽区长、宽、深等多部尺寸是否符合施工图要求。打挖清理后,如发现梁端顶死、预埋钢筋不符合要求、没有预埋钢筋、梁体损坏等前期缺陷问题,应拍照存档,并及时上报监理工程师和业主,确定相关修复方案。

4)整理预埋钢筋、焊接加强筋

(1)整理预埋钢筋,使其平顺,并根据预埋钢筋实际尺寸确定伸缩装置详细安装方案。伸缩装置安装螺栓组吊装就位,使其安装中心线与梁端预留间隙中心线对正,其长度与缝区的长度对正,直线度满足1.5mm/m。

(2)若槽中无预埋筋或预埋钢筋位置不正确,则应增设种植钢筋进行加固。种植钢筋的位置、规格、数量、锚固深度、抗拔力等均应满足设计要求(种植深度必须大于12cm)。

8.2.3 施工容易出现的问题

钢梳齿板伸缩装置施工过程中主要存在以下问题:

(1)安装过程中橡胶止水带破损,未及时更换,或止水带外露而未被浇筑进混凝土中等现象,导致伸缩缝处漏水。

(2)伸缩缝混凝土、梳齿板、桥面铺装层连接不顺畅,平整度未达到要求;伸缩缝两侧沥青与铺装层间遗留杂物过多,使得沥青碾压不实,与铺装层无黏结力,形成开裂下陷。

(3)梳齿钢板下混凝土浇筑时未振捣或者振捣不密实,混凝土硬化收缩导致混凝土与钢板之间形成不均匀空隙,在车动荷载的冲击下,空隙扩大。

(4)混凝土养护时间不足便开放交通,混凝土强度不足,二次拧紧螺栓时使用扭矩较小的扳手,导致螺栓未拧紧。

(5)螺母处灌入的环氧树脂从钢板螺栓孔处漏掉,未形成约束螺母的作用。

8.3 桥梁伸缩缝施工质量管理

桥梁伸缩缝施工管理关键环节主要包括梁体预留槽口和预埋钢筋施工管理、伸缩装置锚固钢筋施工管理及伸缩缝混凝土施工管理,其施工质量好坏直接影响伸缩装置的安装质量,下面就从这三个方面来阐述。

8.3.1 梁体预留槽口和预埋钢筋施工管理

近年来,一般伸缩装置安装是在铺装完路面层后再切开路面,由路面施工单位单独进行安装,而桥梁主梁等主体结构的施工由桥梁土建施工单位负责,造成伸缩装置安装队伍与桥梁施工队伍分开。这造成桥梁伸缩装置安装过程中出现了许多工作上的衔接问题。伸缩缝预留槽口和预埋筋是土建单位施工的,施工过程中往往做不到精细化施工,以致桥梁伸缩缝槽口和预埋钢筋的施工不符合设计要求。如果预留槽口出现问题,直接影响后期路面施工单位伸缩装置的安装。实际上,在高速公路桥梁伸缩装置安装施工过程中,很多桥梁伸缩缝曾出现预埋钢筋数量不够,甚至没有预埋筋、位置不对、方向弄反、钢筋直径不够、桥台背墙与梁(板)之间预留缝不够、缝被堵死等现象,它不仅影响施工进度,而且对后期桥梁伸缩装置的安装质量和伸缩缝使用耐久性影响较大。因此,在桥梁上部结构施工过程中,要求施工单位对伸缩缝预留槽口和预埋钢筋进行施工质量自检,检查伸缩缝槽口的尺寸偏差、槽口平顺度、梁端间隙(或预留缝宽)要求和预埋钢筋的直径、长度、数量、位置、预埋筋锚固长度等是否满足要求。

在桥梁主体工程施工过程中,要求桥梁施工队伍施工时做到以下几点,以控制桥梁梁体预留槽口的施工质量:

(1)熟悉施工图纸,搞清设计意图。

(2)按施工图设计要求尺寸预留槽口。

(3)现浇梁(板)和台背时,模板要牢固,防止外凸,保证缝宽。

(4)对于预制结构桥梁,应保证伸缩缝预留槽口的顺直度和平整度,当不符合设计要求时,应进行处理。

(5)在槽口预埋钢筋施工过程中,预埋钢筋的锚固长度必须满足设计要求。

(6)施工单位对伸缩缝预留槽口和预埋钢筋的施工质量进行自检。

(7)在桥梁上部结构施工过程中,应对梁体预留槽口及预埋筋采取保护措施,防止机械设备和临时车辆通过对槽口及预埋筋造成损害。

8.3.2 桥梁伸缩装置锚固钢筋施工管理

模数式伸缩装置的锚固系统具体是指伸缩装置的支承箱及伸缩装置异型钢边梁焊接的锚固钢筋与梁体预埋筋结合的现浇混凝土。桥梁伸缩缝破坏的原因多数与其锚固系统有关。锚固系统薄弱容易造成槽口混凝土的破坏,锚固系统范围的高程控制不好,容易造成跳车,进而导致伸缩缝的过早破坏等。因此,伸缩装置锚固系统的重要性不言而喻,需重视桥梁伸缩装置锚固系统的施工。

模数式伸缩装置边梁采用锚固环的形式,在安装施工过程中需现场穿插横向钢筋,锚固钢筋和预埋钢筋在纵向和横向发生错位,经常出现横向钢筋很难同时穿过锚固钢筋和预埋钢筋的情况。同时,横穿钢筋在支承箱处截断,分段穿插横向钢筋不但给施工带来不便,也不能保证施工质量,达不到设计预期目的。对于钢梳齿板伸缩装置,在锚固钢筋施工过程中,除了保证锚固钢筋与预埋钢筋焊接长度与焊接质量满足施工要求外,对锚固螺栓的准确定位也是伸缩装置安装质量控制的关键点和难点。因此,应加强伸缩装置锚固钢筋施工的管理,提升伸缩装置的锚固性能。模数式伸缩装置与钢梳齿板伸缩装置的锚固钢筋施工现场照片见图 8-3 和图 8-4。总体来说,要求桥梁伸缩装置安装单位在锚固钢筋施工过程中做到以下几点:

(1)理顺、调整槽内预埋筋,对漏埋或折断的预埋筋应进行修复,统一采用植筋胶进行钢筋补植,补植应满足相关规范的要求,补植后的钢筋须请业主代表、监理人员共同验看。

(2)焊接时间应按设计要求选择一天中温度与设计最相符的时段进行。在临时固定后再复测一遍伸缩装置的高程,确定未出现任何变形偏差后,将伸缩装置边梁上两侧的锚固钢筋与预埋钢筋焊接,最好一次全部焊牢。如有困难,可先将一侧焊牢,待达到已确定的安装气温时再将另一侧锚固钢筋全部焊牢。

(3)安装时伸缩装置的中心线要与梁端中心线相重合。如果伸缩装置较长,需将伸缩装置分段运输,到现场后再对接,对接时将两段伸缩装置上平面置于同一水平面上,使两段伸缩装置接口处紧密靠拢并校直调正。

(4)在固定焊接过程中,应确保连接处锚固钢筋与预埋钢筋焊接长度满足设计要求,保证焊接质量,严禁出现点焊、跳焊、漏焊等现象。

(5)在固定焊接时,对经常出现的预留槽内预埋筋与异型钢梁锚固筋不相符的现象,要采用U形或相应的钢筋进行加固连接,以确保缝体与梁体的牢固连接。

(6)对于钢梳齿板伸缩装置,安装前应进行试拼装,安装时应结合伸缩装置具体尺寸,精确定位锚固螺栓位置,伸缩装置位置及平整度调整完成并验收合格后,将所有螺纹套筒与槽口内钢筋进行点焊固定。

(7)伸缩装置焊接牢固后,尽快将预先设定的临时固定卡具、定位槽钢用气割枪割去,使其自由伸缩,此时还要严格保护现场,防止车辆误压。

图8-3 模数式伸缩装置锚固钢筋施工

图8-4 钢梳齿板伸缩装置锚固钢筋施工

8.3.3 桥梁伸缩缝混凝土施工管理

桥梁伸缩缝槽口后浇混凝土是影响伸缩缝施工质量的一个关键因素,目前很多桥梁伸缩缝的提早破坏都与槽口混凝土破坏直接相关。槽口混凝土需从材料选择、配合比控制、现场施工振捣、后期混凝土养生及保护几个方面来进行管理,具体说来,包括以下几点:

(1)目前伸缩缝两侧槽口混凝土选用较多的是钢纤维混凝土及聚丙烯纤维混凝土,无论选择哪种类型,都应该进行现场配合比试验,确定混凝土的最佳配比。

(2)混凝土模板要做好,不得漏浆,浇筑混凝土前将间隙填塞,防止浇筑混凝土把间隙堵死,影响梁体伸缩,并防止混凝土渗入模数式伸缩装置位移控制箱内。

(3)施工现场混凝土振捣时应两侧同时进行,为保证混凝土的密实,需严格控制混凝土的振捣,避免过振和漏振现象,并要求伸缩装置多向变位箱底混凝土密实无空洞。

(4)伸缩装置安装固定后,两侧过渡段的混凝土宜在接缝伸缩开放状态下进行浇筑,浇筑时应采取措施防止已定位固定的构件移位。

(5)水泥混凝土浇筑完成,待初凝后覆盖塑料薄膜及土工布,进行洒水养生,养生期不少于7d,养生期间严禁车辆通行。在施工桥梁两端和前后开口部设置明显的警示标志并对交通进行管制,防止车辆误入对伸缩缝平整度等造成无法修复的损伤。

8.4　桥梁伸缩缝质量检验检测

桥梁伸缩缝质量管理应包括伸缩装置产品厂内质量检验及伸缩缝的现场施工质量检测。伸缩装置产品厂内质量检验主要包括型式检验和出厂检验,伸缩缝现场的质量检验又包括伸缩装置进场质量检测、伸缩缝槽口质量检测、伸缩装置安装质量检测等几个方面。

8.4.1　伸缩装置产品出厂检验

所有的伸缩装置出厂产品均应进行出厂检验,出厂检验合格后方可应用于桥梁工程。型式检验通常由第三方进行,要求检验项目全部合格,该批产品才能判定为合格。出厂检验一般由生产厂家自检,其检验结果判定的标准与型式检验基本相同。根据《公路桥梁伸缩装置通用技术条件》(JT/T 327—2016)的规定,并非所有的伸缩装置产品均需做型式检验,只有当存在以下几种情况之一时才要求做型式检验:

(1)新产品投产或老产品转厂生产的试制定型鉴定;

(2)正常生产后,在生产设备、生产流程、材料有改变,影响产品性能时;

(3)停产一年以上,恢复生产时;

(4)用户提出要求或桥梁变形变位情况特殊时;

(5)国家质量监督机构要求时。

关于伸缩装置的型式检验和出厂检验在规范中已有明确的规定,型式检验的内容包括外观、尺寸偏差、焊接质量、表面处理、装配、总体性能等所有检验项目,而一般出厂检验对于材料和总体性能可不做检验。《公路桥梁伸缩装置通用技术条件》(JT/T 327—2016)从外观、材料、工艺几个方面分别对模数式伸缩装置和钢梳齿板伸缩装置提出了技术要求,并对试验样本及试验方法做出了规定,同时提出了伸缩装置型式检验和出厂检验的条件和要求,包括型式检验和出厂检验要求检验的项目、技术要求、试验方法及检验频次等具体内容。

8.4.2 伸缩装置进场质量检测

桥梁伸缩装置产品是按照设计图纸提出的具体要求,如型号、长度、密封橡胶件的类别及安装时的宽度等,进行购置和装配的。不同规格和型号的伸缩装置均由专门的生产厂家成套供应。但对于模数式伸缩装置产品,应预先在工厂组装好。装配好的伸缩装置在出厂前,生产厂家按照安装时间段的平均温度确定安装尺寸,并用夹具固定,以保证伸缩缝间隙的宽度能够适应温度变化引起的伸缩量,确保其在规定的范围内。当产品进场交货验收后,伸缩装置运到工地后如果不能马上进行安装,应进行妥善存储。将其垫离地面30cm存放,并采取适宜措施覆盖,严禁露天存放,若在库房存放应干燥通风,产品离热源1m以上,且存放整齐,防止变形,确保其不受损坏。

首先,当伸缩装置进场后应对其外观进行检查。伸缩装置在运输过程中易发生磕碰、刮擦,钢材表面可能产生划痕、变形,或橡胶带拉长损伤等情况,不仅影响美观,而且可成为腐蚀介质侵入的通道,降低伸缩装置的耐久性,钢材或橡胶严重变形后,会影响安装施工及后期自由伸缩。因此,要求伸缩装置外观应符合以下规定:

(1)外观表面应平整洁净,无机械损伤、无毛刺、无锈蚀。

(2)钢结构各部件应焊缝饱满,无裂纹、咬边,无气孔、夹渣,无异常变形。

(3)橡胶密封带的表面应光滑平整,无缺陷、划痕,其他橡胶部件无开裂。

(4)防腐涂层表面应颜色一致,无污迹、划痕、流淌、褶皱、脱落。

其次,需对桥梁伸缩装置的长度、异型钢主梁截面形式及尺寸、支承横梁的截面尺寸、支承横梁的间距、伸缩装置的变位系统形式及伸缩装置组装偏差等进行测试,要求上述指标能满足设计和规范要求。

最后,应检查桥梁伸缩装置的相关资料是否齐全,主要资料包括:由生产厂家提供产品质量合格证,相关部件原材料及零件的质检合格资料,并附有安装使用注意事项或说明书。

8.4.3 伸缩缝槽口质量检测

目前,在施工过程中没有槽口和预埋钢筋施工质量相关施工控制性技术指标的要求,桥梁伸缩缝施工过程质量控制缺乏有效的依据。目前对桥梁伸缩缝安装质量的检测主要是在伸缩缝施工完成后,按照现行施工规范及公路工程质量检验评定标准,根据桥梁伸缩装置的长度、缝宽、平整度及纵坡等检测项目的结果进行评价。事实上,伸缩缝的施工质量不但受开槽安装施工质量影响,还与预留槽口及预埋钢筋的施工质量密切相关。一般情况下,桥梁工程主体结构(包括伸缩缝槽口及预埋钢筋)的施工由土建施工单位完成,而伸缩装置的施工安装由路面施工单位完成,伸缩缝的施工不但涉及两家单位工作内容的交接问题,且土建施工单位的施工质量对路面施工单位伸缩装置安装质量影响较大。由于施工单位在施工过程中没有做到精细化施工,导致桥梁伸缩缝槽口和预埋钢筋的施工达不到设计预期,后期路面施工单位整改和处理的难度很大,对伸缩缝使用的耐久性影响较大。

因此,为了切实保证伸缩缝的施工质量,除了对伸缩缝施工完成后的质量进行检测外,还应增加中间施工过程中伸缩缝预留槽口及预埋钢筋施工质量的检测,既可为土建施工单位的施工质量进行评价和验收,对不符合要求的及时处理,还可为路面施工单位提供很好的工作基础,有利于提高施工质量。

伸缩缝槽口施工完成后应进行验槽,伸缩缝槽口应横向顺直、梁端间隙均匀,预埋钢筋的位置应准确,锚固长度应满足设计要求。伸缩缝槽口施工质量应符合表8-1的要求。对于验槽不合格的项目,如预制桥梁梁端间隙过大或宽窄不一,需要对梁端进行处理。实际上,若采用后浇槽口施工工艺,则基本不会出现上述情形。因此,对于预制桥梁伸缩缝槽口,建议采用后浇槽口施工工艺。若预埋钢筋不满足要求,需修正补植预埋钢筋,并清除预埋钢筋表面锈迹和油污。要求预埋钢筋与梁体结构钢筋连接,预埋钢筋直径和间距满足设计要求,在没有预留预埋钢筋的情形下,应根据设计要求植筋,植筋长度和抗拔力应满足设计要求。在梁体架设后,存在一些机械和工程车辆需要通过桥面的情况,会压覆伸缩缝预留槽口处的预埋钢筋,使槽口钢筋发生弯曲甚至严重变形偏位,与伸缩装置的锚固钢筋不能对位或不能焊接,影响伸缩装置的安装质量和实施效果。因此,施工期间需在伸缩缝槽口处制作临时伸缩缝;在施作伸缩缝槽口后且未做临时伸缩缝前,也需要采取措施,防止施工机械压覆伸缩缝槽口预埋钢筋。

预留槽口施工质量要求　　表8-1

<table>
<tr><th>序号</th><th colspan="2">检测项目</th><th>规定值或允许偏差</th><th>频率</th><th>检查方法</th></tr>
<tr><td>1</td><td rowspan="2">安装槽口尺寸</td><td>深度(mm)</td><td rowspan="2">满足设计要求且±30</td><td rowspan="2">每道3~7处</td><td rowspan="2">尺量</td></tr>
<tr><td>2</td><td>宽度(mm)</td></tr>
<tr><td>3</td><td rowspan="4">预埋钢筋</td><td>混凝土中锚固长度(mm)</td><td>满足设计要求</td><td colspan="2">检查隐蔽工程记录资料</td></tr>
<tr><td>4</td><td>直径(mm)</td><td>满足设计要求</td><td rowspan="3">每道5~11处</td><td rowspan="3">尺量</td></tr>
<tr><td>5</td><td>高度(mm)</td><td>±10</td></tr>
<tr><td>6</td><td>间距(mm)</td><td>±15,缺筋应注明</td></tr>
<tr><td>7</td><td colspan="2">梁端间隙尺寸(mm)</td><td>±20</td><td>每道3~7处</td><td>尺量</td></tr>
<tr><td>8</td><td colspan="2">外观</td><td>整体平整,安装槽口内无杂物、无悬空</td><td>每道</td><td>目测</td></tr>
</table>

8.4.4　伸缩装置安装质量检测

目前,桥梁伸缩装置的安装质量检测指标不完善。首先,伸缩缝槽口施工质量与后期伸缩装置安装质量密切相关,但相关标准在施工过程中没有槽口和预埋钢筋施工质量相关的施工控制性技术指标的要求,导致桥梁伸缩装置施工过程质量控制缺乏有效的依据。目前对桥梁伸缩装置施工质量的检查验收主要依据《公路桥涵施工技术规范》(JTG/T 3650—2020),但该标准对安装质量的技术指标要求不明确,仅提出符合设计要求即可。在实际操作中,设计人员常套用厂家提供的伸缩装置产品图纸,通常未能提出具体的指标要求,导致伸缩装置安装质量检测指标不完善,尤其是缺乏相应的定量依据。

根据相关标准的规定,结合近年来伸缩装置安装质量检测控制方面的成果,对模数式伸缩装置和钢梳齿板伸缩装置两种常见伸缩装置的安装施工质量检测要求进行了总结,对伸缩装置检测技术指标进行了细化和补充。对于模数式伸缩装置，考虑到桥梁伸缩装置运输及安装的便捷性，当其长度小于 12m 时，中、边梁异型钢不宜进行工厂及工地的接长；当长度大于 12m 时，异型钢可接长，但接头应错开，且所有接头不应设在行车道内。现场焊接异型钢接长时，焊接质量不易保证，若焊缝出现质量问题，将影响伸缩装置的使用寿命，需要对异型钢接长焊缝质量检测也进行规定。模数式伸缩装置安装质量检测的具体要求见表 8-2。

模数式伸缩装置安装质量检测要求　　表 8-2

<table>
<tr><th>序号</th><th>检查项目</th><th colspan="2">规定值或允许偏差</th><th>频率</th><th>检查方法</th></tr>
<tr><td>1</td><td>长度(mm)</td><td colspan="2">±10</td><td>每道 1 处</td><td>尺量</td></tr>
<tr><td>2</td><td>伸缩量(mm)</td><td colspan="2">±10</td><td>每道 3 处</td><td>尺量</td></tr>
<tr><td>3</td><td>与路面高差(mm)</td><td colspan="2">≤2</td><td>每侧 3 处</td><td>尺量</td></tr>
<tr><td rowspan="2">4</td><td rowspan="2">纵坡(%)</td><td>一般</td><td>±0.5</td><td>测量纵向锚固区混凝土端部 3 处</td><td>水准仪测量</td></tr>
<tr><td>大型</td><td>±0.2</td><td>测量纵向锚固区混凝土端部 3 处</td><td>水准仪测量</td></tr>
<tr><td>5</td><td>横向平整度(mm)</td><td colspan="2">≤3</td><td>每道 3 处</td><td>尺量</td></tr>
<tr><td>6</td><td>异型钢接长焊缝探伤</td><td colspan="2">应符合现行《公路桥涵施工技术规范》(JTG/T 3650)的规定</td><td>全部检测</td><td>超声法</td></tr>
<tr><td>7</td><td>混凝土强度</td><td colspan="2">满足设计要求</td><td>—</td><td>按现行《公路工程水泥及水泥混凝土试验规程》(JTG E30)的方法</td></tr>
<tr><td>8</td><td>外观</td><td colspan="2">伸缩装置处不得积水，伸缩缝无阻塞、渗漏、变形、开裂现象。焊缝无裂纹、焊瘤、夹渣、未焊透、电弧擦伤现象</td><td>全部检测</td><td>目测</td></tr>
</table>

采用锚固螺栓仍是钢梳齿板伸缩装置锚固方式的主要形式，锚固螺栓的施工质量直接影响钢梳齿板的使用寿命，目前对钢梳齿板伸缩装置的锚固螺栓施工质量缺乏相应的检测技术指标，螺栓本身的长度通常不能满足锚固构造要求，锚固螺栓需与梁体结构钢筋进行焊接连接，其焊接长度也应满足设计要求。钢梳齿板伸缩装置安装质量检测要求见表 8-3。

钢梳齿板伸缩装置安装质量检测要求　　表 8-3

<table>
<tr><th>序号</th><th colspan="2">检查项目</th><th>规定值或允许偏差</th><th>频率</th><th>检查方法</th></tr>
<tr><td>1</td><td colspan="2">伸缩量(mm)</td><td>±5</td><td>每道 3～7 处</td><td>尺量</td></tr>
<tr><td>2</td><td colspan="2">与桥面高差(mm)</td><td>≤2</td><td>每道 3～7 处</td><td>尺量</td></tr>
<tr><td rowspan="2">3</td><td rowspan="2">伸缩装置平整度(mm)</td><td>伸缩范围内同一断面处两边齿板的高差</td><td>≤2</td><td rowspan="2">每道 3～7 处</td><td rowspan="2">尺量</td></tr>
<tr><td>相邻齿板的高差</td><td>≤2</td></tr>
</table>

续上表

序号	检查项目		规定值或允许偏差	频率	检查方法
4	齿板安装间隙(mm)	齿板横向间隙	≥3	每道3~7处	尺量
5	锚固螺栓	锚固螺栓顶与路面高差(mm)	≤5	每道3~7处	尺量
		焊接长度	满足设计要求	每道3~7处	尺量
		螺母紧固到位率	设计紧固力的100%	抽样按全部螺栓数量的10%	螺栓紧固力测试仪
6	锚固区混凝土强度		满足设计要求	—	按现行《公路工程水泥及水泥混凝土试验规程》(JTG E30)的方法
7	外观	表面平整,与路面衔接应平顺		—	目测

参考文献

[1] 李杨海,程潮洋,鲍卫刚,等.公路桥梁伸缩装置实用手册[M].2版.北京:人民交通出版社,2007.

[2] 赵衡平.现代桥梁伸缩装置[M].北京:人民交通出版社,2008.

[3] 庄军生,彭泽友,夏玉龙,等.公路桥梁伸缩装置[M].北京:人民交通出版社股份有限公司,2015.

[4] 江苏省交通运输厅.公路桥梁伸缩装置病害评定技术标准:DB 32/T 3153—2016[S].北京:人民交通出版社股份有限公司,2017.

[5] 安徽省交通运输厅.公路桥梁伸缩装置技术状况评定标准:DB 34/T 3908—2021[S].

[6] 天津市交通运输委员会.桥梁伸缩缝装置检测评定标准:TJG H1102—2023[S].

[7] 王勇,杜镔,唐志.几种桥梁模数式伸缩装置边梁型钢的受力分析[J].交通科技,2015(05):15-17.

[8] 中华人民共和国住房和城乡建设部.钢结构设计标准:GB 50017—2017[S].北京:中国建筑工业出版社,2018.

[9] 中华人民共和国住房和城乡建设部.钢结构通用规范:GB 55006—2021[S].北京:中国建筑工业出版社,2021.

[10] 方园,袁波,杜镔,等.边梁底部脱空对模数式伸缩装置的影响分析[J].中外公路,2017,37(1):105-107.

[11] 中华人民共和国交通运输部.公路桥梁荷载试验规程:JTG/T J21-01—2015[S].北京:人民交通出版社股份有限公司,2016.

[12] 徐向东,马克俭,杜镔,等.GQFGJX改进型模数式伸缩装置静载试验研究[J].工业建筑,2020,50(4):19-23.

[13] 中国公路学会桥梁和结构工程分会.2015年全国桥梁学术会议论文集[C].北京:人民交通出版社股份有限公司,2015.

[14] 杜镔,唐志,漆贵荣,等.一种桥梁模数式伸缩装置锚固方法及锚固结构:201410679891.8[P].2015-09-16.

[15] 唐志,龙万学,杜镔,等.一种带可调式钢板锚固构件的伸缩装置:201410821672.9[P].2015-04-29.

[16] 方园,袁波,杜镔,等.改进型模数式伸缩装置中梁及锚固系统力学行为分析[J].贵州大学学报(自然科学版),2016,33(6):119-123.

[17] 中国公路学会桥梁和结构工程分会.单元式多向变位梳形板桥梁伸缩装置:JT/T 723—2008[S].北京:人民交通出版社,2008.

[18] 全国交通工程设施(公路)标准化技术委员会.桥梁阻尼减振多向变位梳齿板伸缩装置:JT/T 1064—2016[S].北京:人民交通出版社股份有限公司,2016.

[19] 中国公路学会桥梁和结构工程分会. 2009 年全国桥梁学术会议论文集[C]. 北京:人民交通出版社,2009.

[20] 杜镔,张林,唐志,等. 一种自适应多向变位的梳齿型桥梁伸缩装置:201410086183.3[P]. 2016-05-25.

[21] 中华人民共和国交通运输部. 公路钢筋混凝土及预应力混凝土桥涵设计规范:JTG 3362—2018[S]. 北京:人民交通出版社股份有限公司,2018.

[22] 中华人民共和国交通运输部. 公路桥涵设计通用规范:JTG D60—2015[S]. 北京:人民交通出版社股份有限公司,2015.

[23] 张剑锋,周昌群,唐志,等. 伸缩缝槽口混凝土受力特性及其构造优化研究[J]. 交通科技,2022(4):39-44.

[24] 唐志,蓝先林,徐向东. T 梁伸缩缝槽口构造设计对混凝土拉应力的影响[J]. 西部交通科技,2019(12):90-94.

[25] 唐志,贾旭秀,王德辉. 石灰石粉在水泥浆抗氯离子渗透性中的作用机理[J]. 铁道科学与工程学报,2022,19(9):2647-2653.

[26] 何远义,唐志,袁泉,等. 胶凝材料组成和纤维对伸缩缝槽口混凝土收缩开裂的影响[J]. 公路,2019,64(9):101-106.

[27] ASTM International. Standard Test Method for Determining Age at Cracking and Induced Tensile Stress Characteristics of Mortar and Concrete under Restrained Shrinkage:ASTM C1581/C1581M-09a[S].

[28] 唐志,杜镔,王圳,等. 硫酸盐溶液对掺石灰石粉砂浆抗硫酸盐侵蚀性能的影响[J]. 公路交通科技,2023,40(8):51-56,62.

[29] 瞿竹,张力,王德辉. 不同组成材料对混凝土韧性和抗冲击性能的影响研究[J]. 混凝土与水泥制品,2020(2):28-31.

[30] 全国交通工程设施(公路)标准化技术委员会. 公路桥梁伸缩装置通用技术条件:JT/T 327—2016[S]. 北京:人民交通出版社股份有限公司,2017.

[31] 中国工程建设标准化协会. 公路桥梁伸缩装置现场验收与安装施工技术规程:T/CECS G:F58-01—2023[S]. 北京:人民交通出版社股份有限公司,2023.